AMANDA McKITTRICK

TASCHEN
für jedes BEUTELSCHEMA

AMANDA McKITTRICK

EIN BUCH DER
EDITION MICHAEL FISCHER

INHALT

LOSLEGEN

MODELLE

EINLEITUNG

Wenn Sie das nächste Mal vor die Tür gehen, schauen Sie sich einmal um: Sie werden Menschen mit Taschen in allen Formen, Größen und Stilen sehen. Der schlichte Einkaufsbeutel hat sich von der simplen Leinentasche zu einem vielseitig einsetzbaren, modischen Statement gewandelt. Die Kombinationsmöglichkeiten aus Stoffen, Futter und Henkeln sind endlos, und jede Tasche kann ebenso einzigartig wie ihre Trägerin sein.

Ob schön oder praktisch oder eine Kombi aus beidem, für jede Gelegenheit gibt es eine passende Tasche. Ob Fashionista, hipper Kunststudent oder umweltbewusster Einkäufer – „Taschen für jedes Beutelschema" liefert Ihnen die Inspiration, die Sie brauchen, um eine Tasche zu kreieren, die Ihrem Stil und Geschmack entspricht.

In diesem Buch finden Sie eine Auswahl an einfachen und leicht verständlichen Nähanleitungen für Anfänger und Fortgeschrittene mit unkomplizierten Beschreibungen, Schnittmustern und Illustrationen, die Sie Schritt für Schritt zur fertigen Tasche führen.

Die Taschen müssen nicht zwangsläufig zu dem hier vorgeschlagenen Zweck benutzt werden. Sie werden sehen, dass zahlreiche Modelle vielseitig einsetzbar sind. So können Sie beispielsweise die Gartentasche auch als Strandtasche verwenden. Zusätzliche Taschen oder andere Extras lassen sich leicht mit dem beschriebenen Modell kombinieren. Und Sie brauchen keine jahrelange Näherfahrung – die einfachen Techniken und Designs in diesem Buch ermöglichen es Ihnen, Ihre eigene Tasche ganz leicht selbst zu nähen und persönlich zu gestalten.

Zaubern Sie eine schlichte Tasche oder verwenden Sie etwas mehr Zeit auf das Nähen eines anspruchsvolleren Modells für eine besondere Gelegenheit, als Geschenk oder zu einem anderen Zweck. Lassen Sie Ihrer Fantasie freien Lauf und trauen Sie sich ruhig an ungewöhnliche Stoffe heran – mit Ihren Taschen werden Sie Ihre Freunde ebenso wie die Leute auf der Straße verzaubern.

LOSLEGEN

LOSLEGEN

ZU DEN ANLEITUNGEN

Die Anleitungen sind in einfache Schritte unterteilt: Anfertigung der Tasche, des Futters, der Trageriemen, der Henkel und schließlich die Fertigstellung der Tasche. Nicht alle Modelle haben Taschen und Verschlüsse. Diese können aber problemlos auf Wunsch hinzugefügt werden, indem Sie den Anleitungen folgen, die an diesen Einleitungstext anschließen. Wenn Sie das Futter Ihrer Tasche individuell gestalten wollen, überlegen Sie, welche Gegenstände Sie meist dabeihaben und wie Sie diese Dinge in der Tasche unterbringen möchten.

Eckstücke der Schnittmuster

Schnittmuster

Die in den Anleitungen erwähnten Schnittmuster finden sich auf dem Blatt hinten im Buch. Sie können diese entweder auf ein neues Blatt Papier übertragen oder sie einfach entlang der Linien direkt ausschneiden.

Die Eckstücke der Schnittmuster sollten direkt an die Kanten des rechteckigen bzw. quadratischen Stoffstücks angelegt werden. Zeichnen Sie einfach die Form auf den Stoff auf und schneiden Sie sie entlang dieser Linie aus.

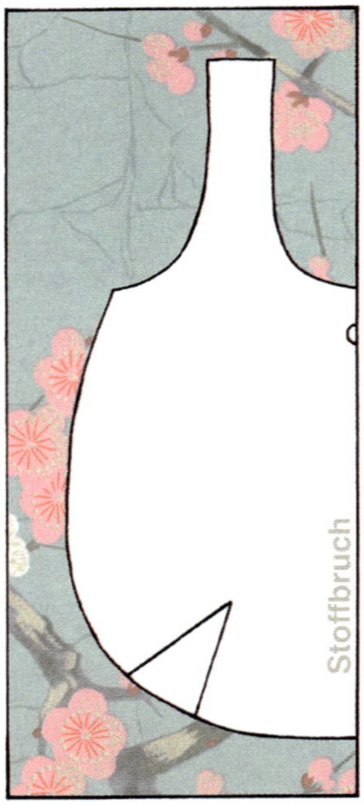

Ausschneiden am Stoffbruch

Einige Schnittmuster müssen an der gefalteten Stoffkante (Stoffbruch) ausgeschnitten werden. Hierzu falten Sie den Stoff entlang des Fadenlaufs parallel zur Webkante. Legen Sie das Muster wie beschrieben auf den gefalteten Stoff auf und schneiden Sie anschließend durch alle Lagen. Übertragen Sie die Markierungen für Abnäher oder Magnetverschlüsse ebenfalls in diesem Schritt.

Die Vorder- und die Rückseite des Stoffs sind in den Illustrationen bei den Anleitungen gekennzeichnet: Die Vorderseite (gemusterte Seite) des Stoffs ist schattiert; die Rückseite (ohne Muster) ist leer.

Die meisten Taschen werden aus einfachen rechteckigen Stoffstücken angefertigt, die, wenn möglich, entlang des Fadenlaufs ausgeschnitten werden sollten. Die Nahtzugabe bei allen Kanten ist, sofern nicht anders angegeben, 1 cm.

NÄHZUBEHÖR

- Schneiderkreide, Schneiderstift oder selbstlöschender Filzstift – damit können Sie kurzzeitig den Stoff markieren, sodass Sie wissen, wo genau Sie schneiden müssen und wo Abnäher oder Säume vorgesehen sind.
- Schneiderschere – benutzen Sie diese ausschließlich für das Schneiden von Stoff, denn Papierschneiden lässt die Schere stumpf werden.
- Papierschere – legen Sie sich eine weitere Schere für Papier zur Seite.
- Zackenschere – toll, um Kanten mit einem dekorativen Zickzackrand auszuschneiden; diese Ränder fransen auch nicht so leicht aus.
- Maßband – praktisch ist ein einziehbares Band.
- Nadeln
- Sicherheitsnadeln – Sie brauchen einige in verschiedenen Größen; größere helfen Ihnen, Gummibänder durch Tunnel zu fädeln.
- Bügeleisen und Bügelbrett
- Baumwoll-Bügeltuch – zum Auflegen auf die Stoffe zum Schutz während des Bügelns; ein sauberes weißes Stofftaschentuch oder selbst Backpapier reicht aus.
- Nähnadeln – die meisten Nähnadeln für die Handarbeit (spitz) haben Größen zwischen 1 und 10 (je höher die Zahl, desto dünner die Nadel); verwenden Sie dünne Nadeln für dünnen Stoff und die dickeren für kräftigeren Stoff.
- Nähgarn – für die meisten Modelle ist eine Baumwoll-Polyester-Mischung gut geeignet.
- Nähmaschine und Nadeln – Sie brauchen keine extravagante Nähmaschine: eine, die gerade Stiche, Zickzackstiche und Knopflöcher nähen kann, wird Sie schon sehr weit bringen.
- Nahtauftrenner oder Pfeiltrenner – für das einfache Auftrennen von Nähfehlern
- Lineal – für das genaue Einzeichnen von Nähten und Abnähern

STICHARTEN

Steppstich/Geradstich

Der einfachste Stich für Nähte und Säume. Die Stichlänge können Sie variieren. Allgemein benutzt man für dünnere Stoffe eine kürzere Stichlänge und eine längere bei dickeren, schwereren Stoffen.

Zickzackstich

Ein Sägezahnstich, ideal für das Versäubern von Schnittkanten. Die Länge und Breite der Stiche kann entsprechend angepasst werden. Wählen Sie einen engeren Zickzackstich bei dünnen Stoffen und einen breiteren bei schweren Stoffen.

Absteppen

Ein an der gesamten Kante des Modells entlanglaufender Steppstich auf der Vorderseite des Stoffs. Dadurch liegt die Kante flach auf. Dieser Stich kann auch zu Dekorationszwecken genutzt werden. Beim Steppen mit der Maschine wählen Sie einen kleinen bis mittleren geraden Stich.

Rückstich

Dieser Stich wird verwendet, um beide Enden der Naht zu vernähen und so zu verhindern, dass die Nähte wieder aufgehen. Nähen Sie ein paar Stiche vorwärts, stoppen Sie den Nähvorgang und drücken Sie auf die Rückwärtstaste Ihrer Nähmaschine. Die Maschine näht nun zurück. Wiederholen Sie dies am Ende der Nahtlinie, um auch das andere Ende zu sichern.

Heftstich

Ein langer Stich, der verwendet wird, um für eine bestimmte Zeit zwei oder mehr Lagen Stoff zusammenzuheften. Diese Stiche werden normalerweise wieder entfernt, sobald die endgültige Naht genäht wurde, weshalb sie nicht besonders sauber oder gerade sein müssen. Wählen Sie hierzu an Ihrer Nähmaschine die größte Stichlänge aus.

STOFFE UND EINLAGEN

Stoffwahl

Bei der großen Auswahl an Stoffen ist es manchmal schwierig, sich zu entscheiden. Gelegentlich finden Sie den richtigen Stoff für eine Tasche schon bei einem spontanen Einkauf, ein andermal kann die Suche aber auch ein frustrierendes Geduldsspiel werden.

Für den idealen Stoff gibt es weder eine goldene Regel noch ein großes Geheimnis – seien Sie einfach offen und aufmerksam und folgen Sie Ihrem Bauchgefühl, wenn es um die Auswahl von Farbe und Muster geht. Üblicherweise suche ich erst den Taschenstoff aus und finde danach den dazupassenden Stoff für das Futter.

Bedenken Sie auch die Form und Größe der Tasche, wenn Sie sich auf die Suche nach dem Stoff machen. Ein großes Muster wirkt am besten auf einer großen Tasche, dementsprechend kommen kleine Muster besser auf kleineren Taschen zur Geltung.

Für Taschen eignen sich Baumwolle, Jeans, Segeltuch und Polsterstoffe am besten (vermeiden Sie elastische oder empfindliche Stoffe). Ihr Stoffladen vor Ort sollte eine angemessene Auswahl dieser Stoffe anbieten. Falls nicht, ist auch Online-Shopping eine tolle Option. Wenn Sie Stoff über das Internet bestellen möchten, denken Sie daran, dass die Farben auf dem Bildschirm eventuell anders wirken als in der Realität. Das muss nicht immer gleich zu Enttäuschungen führen – ich war einmal durchaus positiv überrascht, als ich eine Bestellung auspackte und feststellte, dass die Muster schöner waren als erwartet. Da Sie jedoch den Stoff nicht in die Hand nehmen und anfassen können, ist es bei Online-Bestellungen ratsam, einen Blick auf das Gewicht und die Stoffart zu werfen. Wenn Sie sich nicht sicher sind, schreiben Sie dem Verkäufer einfach eine E-Mail. Er hilft Ihnen sicher gern weiter.

Viele Stoffe werden in einer Standardbreite von 115 cm geliefert. Daher finden Sie auf den Materiallisten zu den einzelnen Taschenmodellen in diesem Buch auch fast immer diese Weite in den Angaben zum jeweils benötigten Stoff.

Vergessen Sie nicht, das passende Garn gleich mitzukaufen, denn es gibt nichts Schlimmeres, als loszulegen und direkt feststellen zu müssen, dass kein passendes Garn da ist (ich habe diesen Fehler mehr als einmal gemacht!).

MUSTERRICHTUNG

Einige Stoffe haben eine Musterrichtung (das Muster zeigt erkennbar in eine bestimmte Richtung), während andere Stoffe diese nicht aufweisen (das aufgedruckte Muster sieht in allen Positionen gleich aus). Wenn Sie mit Musterrichtungen arbeiten, stellen Sie sicher, dass das Muster in die richtige Richtung zeigt, bevor Sie schneiden und nähen. Bedenken Sie außerdem, dass bei einer Tasche, die aus einem einzigen Stück Stoff hergestellt wird (mit Faltung in der Mitte), das Muster auf der anderen Seite der Tasche verkehrt herum erscheinen wird.

Kurze Tipps für die Verarbeitung von mexikanischem Wachstuch

Die meisten Taschenmodelle in diesem Buch sind für Baumwollstoffe ausgerichtet, aber ein paar auch für mexikanisches Wachstuch. Wachstuch ist ein buntfarbiger, frech gemusterter Stoff, der praktischerweise wasserdicht und leicht zu reinigen ist.

Allerdings fühlt es sich womöglich ungewohnt an, wenn man das erste Mal mit diesem Material arbeitet, doch mit ein wenig Geduld und Ausprobieren auf einem Teststück vor dem eigentlichen Nähen werden Sie es leicht schaffen.

- Reduzieren Sie die Fadenspannung der Nähmaschine.
- Verwenden Sie eine Nadel für Leder.
- Nehmen Sie entweder ein starkes, reines Polyester-Garn oder eine Baumwoll-Polyester-Mischung.
- Verwenden Sie keine Nadeln zum Stecken – diese werden dauerhaft Löcher hinterlassen. Stattdessen sollten Sie Klebeband verwenden, um die Stoffstücke zu fixieren, während Sie nähen.
- Sollte das Wachstuch verknittert sein, legen Sie es eine Weile in die Sonne, um es weicher zu machen. Anschließend können Sie die Falten glätten. Sie können auch ein Handtuch über das Wachstuch legen und es bügeln, um die Falten zu entfernen. Bügeln Sie jedoch niemals direkt über das Wachstuch, es schmilzt sonst!
- Nähen Sie einmal zur Probe an einem Teststück, bevor Sie mit dem Nähen des richtigen Modells beginnen.

Einlagestoffe
Die Einlage wird auf der Rückseite des Stoffs angebracht und verstärkt Ihre Näharbeit bzw. gibt dieser mehr Halt. Es gibt verschiedene Einlagevarianten: zum Aufbügeln oder zum Einnähen. Sie sind außerdem in verschiedenen Stärken sowie in Weiß, Schwarz oder Grau erhältlich. Sie entscheiden, welche Einlage für Ihr Taschenmodell am besten geeignet ist. Eine dünnere Einlage empfiehlt sich für einen schweren Stoff, damit die Tasche am Ende nicht zu steif wird; andersherum gibt eine stärkere Einlage einem leichten Stoff mehr Stand.

Ich benutze bei Taschen am liebsten Näheinlagen, da sich bei Bügeleinlagen manchmal – entweder direkt nach dem Aufbügeln oder etwas später – kleine Dellen im Stoff bilden. Bei Näheinlagen gibt es dieses Problem nicht.

Wenn Sie sich für Bügeleinlagen entscheiden, probieren Sie sie vorher an einem Teststück aus, bevor Sie wirklich loslegen, um sicherzugehen, dass Einlage und Stoff zusammenpassen. Benutzen Sie Bügeleinlagen niemals so, dass die Klebeseite oben liegt, ansonsten klebt sie an Ihrem Bügeleisen fest.

NÄHTE, KANTEN UND SÄUME

Naht (Nahtlinie)
Die Naht ist die Linie aus Stichen, die zwei Stoffstücke zusammenhält.

Nahtzugabe
Die Nahtzugabe ist der Stoffrand außerhalb der Stichlinie der Naht. Sofern nicht anders angegeben, habe ich für die Modelle in diesem Buch immer eine Nahtzugabe von 1 cm verwendet.

Versäubern der Schnittkanten
Das Versäubern der Schnittkanten des Stoffs vor dem Nähen oder Säumen ist wichtig, um zu vermeiden, dass der Stoff ausfranst, und um der Tasche eine saubere und professionelle Optik zu verleihen. Das Versäubern kann man auf verschiedenen Wegen erreichen: per Zickzackstich oder per Overlockstich.

Doppelter (oder eingeschlagener) Saum
Ein doppelter Saum lässt die Tasche hochwertiger aussehen, denn er verdeckt die Schnittkanten des Stoffs. Klappen Sie dafür einfach mindestens 5 mm der Stoffkante um, schlagen Sie die Kante noch einmal entsprechend den Anleitungen um und nähen Sie den Saum an.

Einfacher (oder offenkantiger) Saum
Bei stärkeren Stoffen wäre ein doppelter Saum zu dick, deshalb sollten Sie in diesen Fällen die Saumzugabe per Overlock- oder Zickzackstich versäubern, anschließend einmal umschlagen und annähen.

IN FORM BRINGEN: ABNÄHER, FALTEN, RÜSCHUNGEN, RUNDUNGEN UND ECKEN

Abnäher

Abnäher sorgen für Form und Volumen einer Tasche, damit diese nicht zu flach wirkt.

Wie man einen Abnäher näht

1 Für das einfache Übertragen der Markierungen des Schnittmusters auf den Stoff stecken Sie zunächst das Muster auf die Rückseite Ihres Stoffs auf. Schneiden Sie entlang des einen Abnäherschenkels auf dem Muster und falten Sie es an dem anderen Schenkel um. Ziehen Sie einen Strich auf dem Stoff entlang der Schnittkante und der gefalteten Kante.

2 Legen Sie nun auf der Rückseite des Stoffs die beiden Linien aufeinander, sodass sich die Falte in der Mitte des Abnähers befindet. Drücken Sie diese mit dem Finger flach.

3 Stecken Sie das Ganze fest und nähen Sie von der Kante aus nach innen zum Ende der Linie. Statt eines Rückstichs verknoten Sie die Fadenenden am Ende der Naht.

4 Bügeln Sie den Abnäher zum äußeren Stoffrand hin glatt.

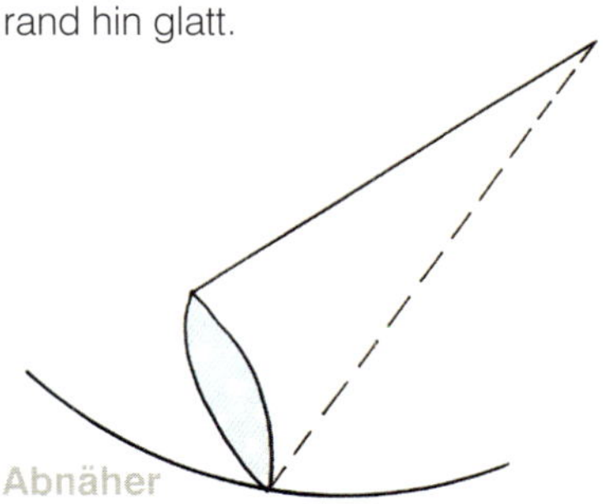

Abnäher

Stofffalten

Falten raffen viel Stoff, ohne dabei mehr Platz zu verbrauchen. Normalerweise werden Falten nicht entlang ihrer gesamten Länge festgenäht.

Wie man Falten näht

1 Falten und bügeln Sie den Stoff, wie in den Anleitungen beschrieben.

2 Stecken Sie die Falten fest, bügeln Sie über diese und heften Sie sie entsprechend an.

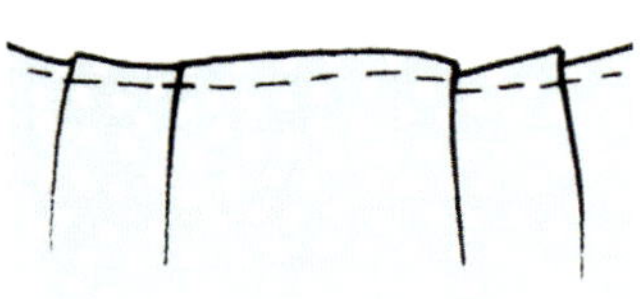

Falten

Rüschungen

Im Vergleich zu Stofffalten und Abnähern wirken Rüschungen lockerer und erfüllen dennoch den Zweck, reichlich Stoff zusammenzuraffen.

Wie man eine Stoffkante rüscht

1 Stellen Sie bei Ihrer Nähmaschine den längsten Stich ein und nähen Sie zwei Stichlinien mit einem Abstand von ca. 5 mm nah am Stoffrand entlang. Nähen Sie keinen Rückstich, um den Faden zu vernähen, sondern lassen Sie an den Enden der beiden Stichlinien ein langes Fadenende hängen.

2 Nun halten Sie lediglich den Spulenfaden fest, ziehen leicht an den Enden jedes Fadens und rüschen den Stoff gleichmäßig.

3 Wenn Ihnen die Rüschung gefällt, verknoten Sie beide Enden der Fäden.

Rüschungen

Rundungen einschneiden

Das Einschneiden einer innengewandten, gebogenen Nahtzugabe mindert Unebenheiten und glättet den Stoff, da die Naht etwas gelockert wird. Hierzu schneiden Sie bis kurz vor die gesteppte Naht – achten Sie darauf, dass Sie die Stiche nicht durchtrennen, ansonsten müssen Sie noch einmal um sie herumnähen oder das gesamte Stück ersetzen!

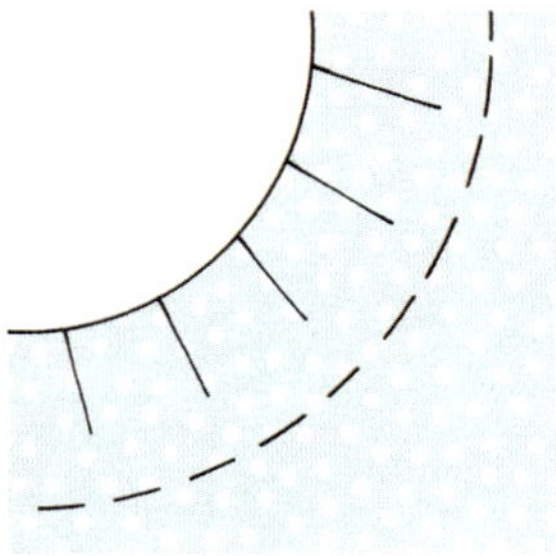

Nahtzugabe an Rundungen einschneiden

Stoffaussparungen bei Rundungen ausschneiden

Schneidet man Aussparungen in eine außengewandte, runde Nahtzugabe, so mindert das Unebenheiten und glättet den Stoff. Schneiden Sie kleine Dreiecke mit gleichmäßigen Abständen in die Nahtzugabe. Achten Sie darauf, dass Sie die Naht nicht durchtrennen.

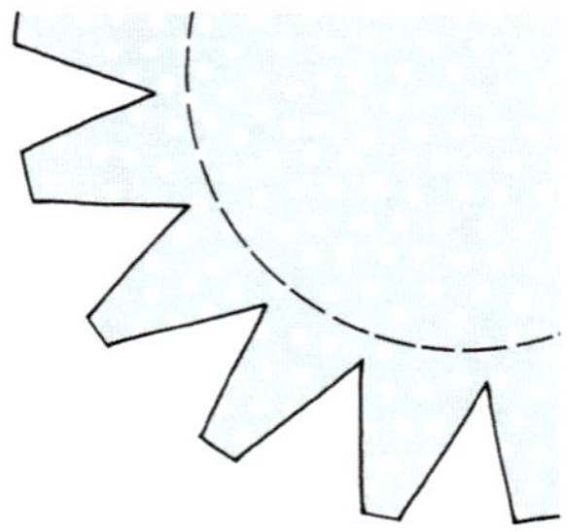

Aussparungen bei Rundungen ausschneiden

Ecken zurückschneiden

Das Zurückschneiden der Nahtzugabe an den Ecken glättet den Stoff. Seien Sie dabei vorsichtig, damit Sie nicht in die Naht schneiden.

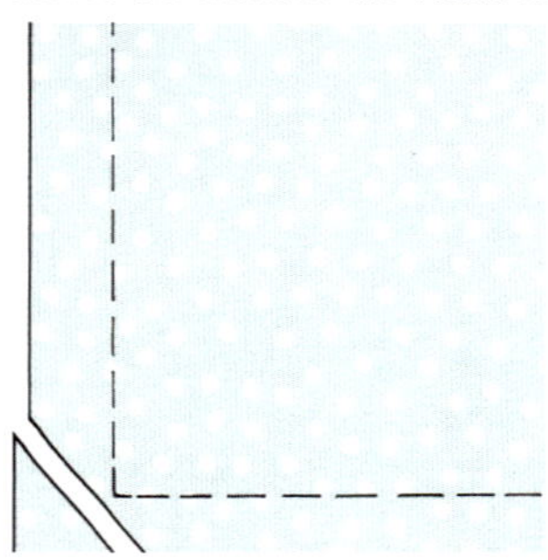

Ecken zurückschneiden

Taschenecken

Ecken geben Ihrer Tasche einen flachen Boden. In nur wenigen einfachen Schritten können Sie so jeder Tasche, ob groß oder klein, Höhe und Halt geben.

Wie man Ecken in Taschen abnäht

1 Legen Sie Ihre Tasche (oder das Futter) so hin, dass die linke Stoffseite nach oben zeigt, und ziehen Sie den Stoff an den Seiten der Ecken so auseinander, dass die Seitennaht genau auf die Bodennaht trifft. Messen Sie vom Eckpunkt, also der Spitze des Dreiecks, den Abstand, wie in den Anleitungen angegeben, ab, markieren Sie diesen und zeichnen Sie bei dieser Markierung einen Strich quer über die Ecke, sodass ein Dreieck entsteht.

2 Stecken Sie die Ecke fest und nähen Sie entlang dieser Linie ab, nähen Sie an den Enden jeweils ein paar Stiche rückwärts.

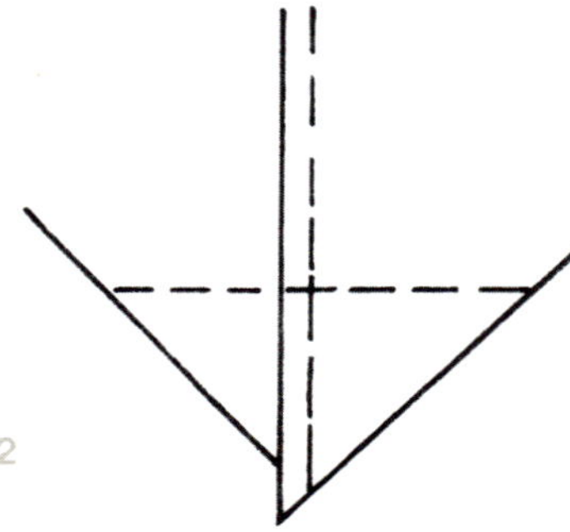

2

3 Schneiden Sie die Ecke auf ca. 1 cm Nahtzugabe zurück. Versäubern Sie die Schnittkanten.

3

MATERIAL UND HENKEL

Reißverschlüsse

Reißverschlüsse sind in zahlreichen Stilen und Längen erhältlich. In diesem Buch wird angegeben, wie groß ein Reißverschluss für das entsprechende Taschenmodell sein sollte. Als Faustregel gilt jedoch: Wählen Sie lieber einen etwas längeren Reißverschluss aus, den Sie später entweder kürzen oder dessen Ende Sie in die Tasche stopfen. Um einen Reißverschluss zu kürzen, nähen Sie an der gewünschten Stelle mit der Hand quer über die Zähne und schneiden Sie das restliche Stück ab, sofern die Zähne nicht aus Metall sind.

Magnetknöpfe

Magnetknöpfe sind kleine Verschlüsse für Taschen, die für eine saubere, professionelle Optik sorgen und leicht anzubringen sind. Sie bestehen aus vier Teilen: zwei magnetischen Scheiben, die zuschnappen, und zwei Metallhalterungen (Unterlegscheiben), die über die Zacken auf der Rückseite des Knopfs gelegt werden. Es gibt sie in verschiedenen Größen, wählen Sie sie also entsprechend der Größe Ihrer Tasche. Für eine kleine Tasche wählen Sie einen kleinen Knopf aus. Benutzen Sie bei Handy- oder Laptoptaschen möglichst keine Magnetverschlüsse.

Wie man einen Magnetknopf anbringt

1 Zeichnen Sie das Muster wie angegeben auf die Rückseite jedes Futterstücks (oder messen Sie den Mittelpunkt jedes Futterstücks aus und markieren ihn).

2 Schneiden Sie zwei kleine Quadrate aus der Bügeleinlage aus und bügeln Sie diese auf die markierten Punkte auf. So wird der Stoff dort verstärkt, wo der Verschluss ihn mehr belastet.

3 Zeichnen Sie mit einem Filzstift die Umrisse der Metallhalterungen auf die quadratische Bügeleinlage und schneiden Sie zwei Schlitze für die Zacken hinein.

4 Stecken Sie eine Seite des Magnetknopfs von der Vorderseite des Stoffs aus durch die Schlitze. Legen Sie die Metallhalterung auf die Zacken und klappen Sie diese nach innen um.

5 Bügeln Sie ein weiteres kleines Stück Bügeleinlage auf die Rückseite des fixierten Verschlusses.

6 Bringen Sie die andere Seite des Magnetverschlusses genauso auf dem anderen Futterstück an.

D-Ringe und O-Ringe

D-Ringe und O-Ringe sind, wie die Namen schon sagen, D- bzw. O-förmige Ösen, die einen Taschenriemen oder einen Henkel an der Tasche befestigen. Es gibt sie in vielen verschiedenen Materialien und Größen. Wählen Sie Größe und Stil passend zu Ihrer Tasche aus. Diese Ringe sind sowohl praktisch als auch dekorativ.

Henkel und Riemen

Das Schönste beim Nähen von Taschen ist das Aussuchen der Henkel. Bei der großen Auswahl, die es heutzutage gibt, finden Sie sicherlich welche, die zu Ihrem eigenen Stil passen. Bei Etsy und eBay finden Sie unendlich viele einzigartige Designs und auch Ihr Bastelladen vor Ort sollte über eine Auswahl an diversen, unterschiedlich starken Gurten verfügen.

Gurt eignet sich toll als Riemen für schlichte Beutel; er ist leicht zu verarbeiten und es gibt ihn in verschiedenen Breiten und Farben. Verstärken Sie Gurt- und Stoffriemen, wenn Sie sie an Ihrer Tasche befestigt haben, indem Sie ein Quadrat über die gesamte Riemenbreite nähen, mit einem Kreuz (X) in der Mitte.

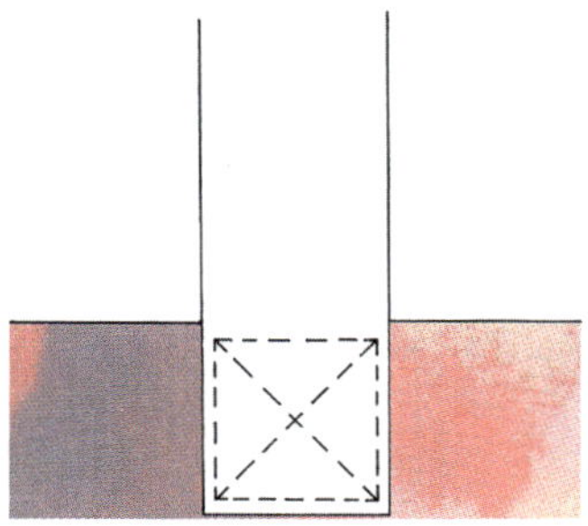

Gurt annähen

Lederhenkel verleihen Ihrer Tasche einen professionelleren Look und sind sehr leicht zu befestigen. Einige gibt es mit bereits befestigten Ringen oder anderen Verzierungen oder auch mit vorgefertigten Löchern zum Festnähen oder zum Fixieren mit Nieten an der Tasche.

Außerdem gibt es noch unzählige andere Henkelmodelle aus Ketten und Bambus sowie Rahmen für besonders weite Taschenöffnungen.

Wenn Sie Ihre eigenen Stoffhenkel oder -riemen anfertigen, verleihen Sie Ihrer Tasche mehr Individualität: Sie können Länge und Breite selbst bestimmen und einen Stoff auswählen, der zum Look Ihrer Tasche passt oder gerade in Kontrast dazu steht. Zusätzliche D-Ringe, O-Ringe oder Metallösen verleihen Ihrer Tasche mehr Pfiff und zeugen von hochwertiger Verarbeitung.

Wie man Stoffhenkel/-riemen näht

1 Falten Sie jeden Riemen längs in der Mitte, wobei die rechten Seiten jeweils zueinander zeigen, und nähen Sie 5 mm von der Schnittkante entfernt.

2 Bügeln Sie die Naht auf, drehen Sie den Riemen dann auf die rechte Seite. (Mit einer Sicherheitsnadel an dem einen Ende lässt sich der Stoff leichter führen.)

3 Bügeln Sie den Riemen mit der Naht in der Mitte glatt.

4 Steppen Sie jeden Riemen 1 cm vom Rand der Länge nach ab.

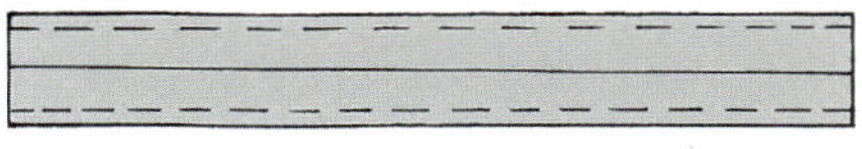

4

INNENTASCHEN

Wie man eine Innentasche mit Reißverschluss näht

1 Entscheiden Sie sich für eine Reißverschlussgröße und schneiden Sie aus dem Stoff ein Rechteck aus, das etwas breiter ist als die Länge des Reißverschlusses und so hoch, wie Sie möchten (entsprechend der Höhe Ihrer Tasche und je nachdem, wie tief Ihre Innentasche sein soll). Bedenken Sie auch, dass das Stoffstück der Innentasche, wenn sie fertig ist, in der Mitte gefaltet wird. Ein Beispiel: Mein Reißverschluss ist 20 cm lang und mein Stück Stoff 23 cm breit und 32 cm hoch. Nach dem Falten und Nähen wird meine Innentasche 21 cm breit und 13 cm tief sein – denn die endgültige Tiefe entspricht der halben Höhe minus 3 cm Nahtzugabe.

2 Das Futter liegt mit der rechten Seite nach oben und Sie legen den Stoff für die Innentasche mit der Rückseite nach oben darauf (rechts auf rechts). Platzieren Sie das obere Ende des Taschenstücks 7,5 cm von der Oberkante des Futters entfernt. Richten Sie die beiden Stücke mittig aufeinander aus (am einfachsten ist es, hierzu beide Mittelpunkte zu markieren und sie aufeinanderzulegen). Stecken Sie alles fest.

3 Zeichnen Sie ein Rechteck auf das Taschenstück mit den Maßen 1,5 cm × 18 cm, d. h. die Reißverschlusslänge minus 2 cm. Dafür messen Sie 1 cm und 2,5 cm von dem oberen Ende des Taschenstücks ab und zeichnen zwei vertikale Linien über diese Punkte. Anschließend messen Sie seitlich von der Mitte der Tasche aus jeweils 9 cm ab und zeichnen die Seiten des Rechtecks ein.

4 Nähen Sie entlang aller Rechtecksseiten.

5 Zeichnen Sie eine Linie durch die Mitte dieses Rechtecks bis 5 mm vor jedem Ende. Schneiden Sie einen Schlitz entlang dieser Linie (durch beide Stofflagen), schneiden Sie anschließend zwei schräge Schlitze in jedes Ende und achten Sie darauf, dass Sie nicht die Naht durchschneiden.

5

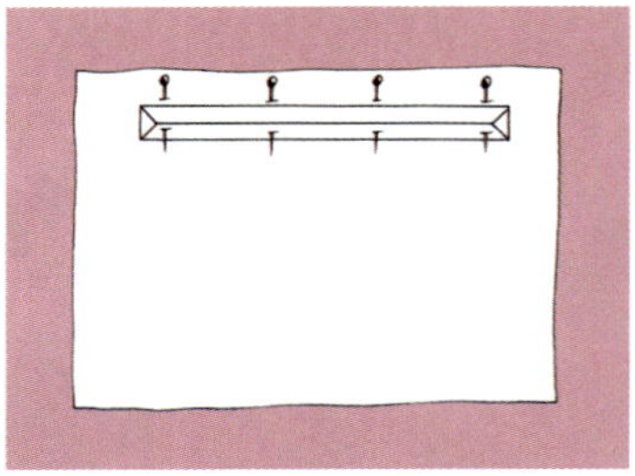

6 Drücken Sie das gesamte Taschenstück durch diese neue Öffnung, sodass die Rückseiten der beiden Stoffe (von Tasche und Futter) aufeinander zeigen (links auf links), und bügeln Sie anschließend alle Ränder glatt.

6a

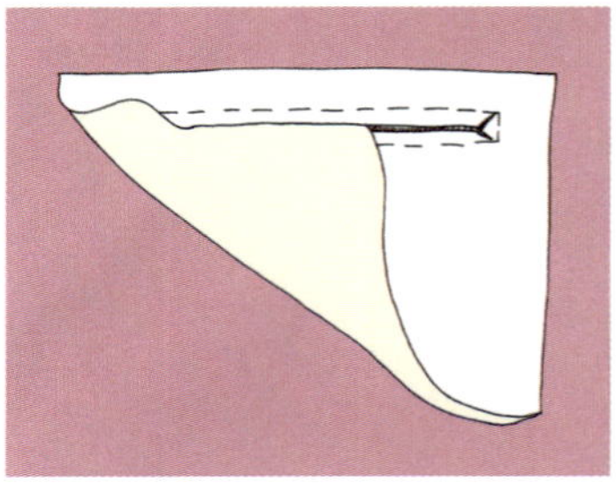

6b

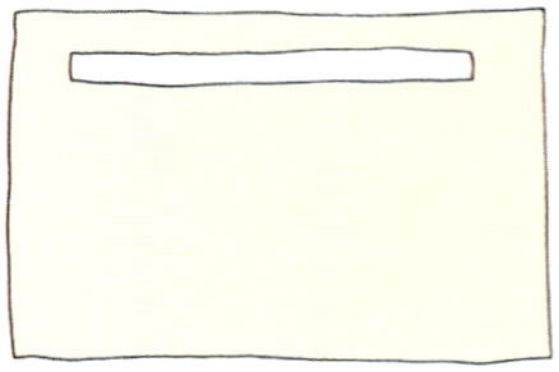

7 Drehen Sie das Futter um, sodass die rechte Seite nach oben zeigt und das Taschenstück hinten ist. Platzieren Sie den Reißverschluss in dem Schlitz und stecken Sie ihn fest. Wenn der Reißverschluss zu lang ist, kann er später entsprechend gekürzt werden.

8 Nähen Sie entlang aller vier Seiten des Rechtecks, um den Reißverschluss zu fixieren. Nähen Sie nah an den Rändern des Rechtecks und achten Sie darauf, dass sich der Taschenstoff auf der Rückseite nicht in der Naht verfängt.

8

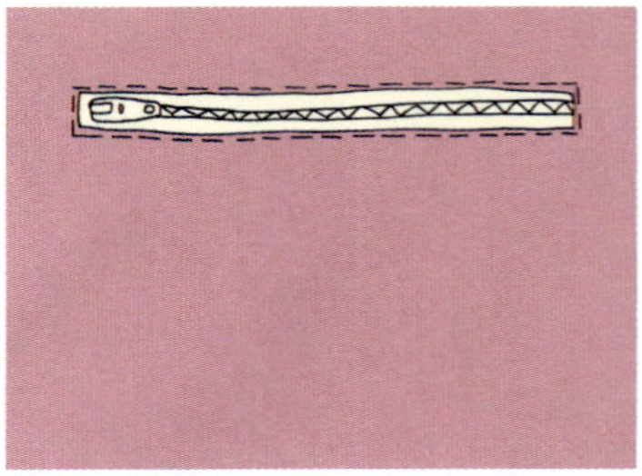

9 Drehen Sie das Futter wieder auf links, falten Sie das Taschenstück in der Mitte, mit der rechten Seite nach oben, und stecken Sie es fest. Nähen Sie an allen vier Seiten entlang und achten Sie auch hier darauf, dass der Futterstoff nicht in die Naht gerät. Und voilà! Eine süße, kleine Innentasche mit Reißverschluss.

Wie man eine Innentasche näht
Da gibt es zwei Möglichkeiten: entweder mit einer zweiten Stofflage für eine stärkere Tasche oder mit einem einfachen Saum. Beide Techniken werden in diesem Buch vorkommen – bei zusätzlichen Innentaschen können Sie selbst auswählen, welche Sie verwenden.

Tasche mit gesäumtem Rand

1 Schneiden Sie ein Stück Stoff für die Tasche zurecht.

2 Versäubern Sie die Kanten mit Zickzack- oder Overlockstich.

3 Schlagen Sie die beiden Seitenkanten und eine der langen Kanten 5 mm auf der Rückseite des Stoffs um und bügeln Sie darüber.

4 Schlagen Sie die noch offene lange Kante um 1 cm ein und bügeln Sie auch hier darüber. Schlagen Sie dann noch einmal 1 cm um und bügeln Sie erneut darüber. Das wird die obere Taschenkante.

5 Nähen Sie möglichst nah an der Faltkante entlang.

5
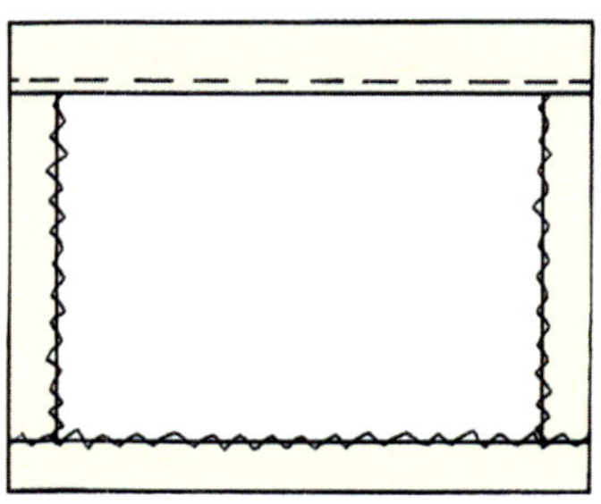

Doppellagige Tasche

1 Schneiden Sie ein Stück Stoff für die Tasche zurecht.

2 Falten Sie das Taschenstück in der Mitte mit der rechten Seite nach oben und bügeln Sie es.

3 Nähen Sie entlang der drei offenen Seiten und lassen Sie eine 4 cm breite Öffnung an der oberen Kante für das Umdrehen.

3

4 Drehen Sie das Stück auf rechts, nähen Sie die Öffnung zu und bügeln Sie das Stück glatt. Steppen Sie danach an der oberen Taschenkante entlang ab.

Anbringen einer Innentasche

1 Platzieren Sie die Innentasche auf dem Stoff der Tasche oder des Futters und stecken Sie sie fest.

2 Nähen Sie entlang der Seiten und der Unterkante nah am Stoffrand. Nähen Sie nicht die Taschenöffnung zu!

VERZIERUNGEN

Machen Sie Ihr eigenes Schrägband

Schrägbandformer sind praktische kleine Geräte, mit denen Sie ganz einfach Schrägband, passend zu Ihrem Taschenstoff, selbst herstellen können. Die Vorbereitung kann einige Zeit dauern, zahlt sich aber aus, denn es entsteht eine professionelle und individuelle Optik.

Schrägbandformer gibt es in verschiedenen Größen, wobei meiner Erfahrung nach für viele Projekte ein 12-mm-Schrägbandformer benutzt werden kann. Schneiden Sie Stoffstreifen aus, die doppelt so breit wie das gewünschte Schrägband sind. Bei einer Endbreite von 12 mm schneiden Sie beispielsweise Streifen mit einer Breite von 2,5 cm.

Wie man Schrägstreifen und -band herstellt

1 Schneiden Sie quer durch den Stoff von einer Webkante zur anderen.

2 Klappen Sie die Schnittkante diagonal um, sodass sie bündig auf der Webkante abschließt.

3 Schneiden Sie entlang der diagonalen Falte – dies ist Ihr Startpunkt für das Schneiden der Streifen.

4 Messen Sie von der diagonalen Schnittkante ausgehend 2,5 cm ab und markieren Sie dort die Linien mithilfe eines Lineals und mit Schneiderkreide oder mit einem selbstlöschenden Filzstift.

5 Schneiden Sie entlang dieser Linien.

6 Wenn die Streifen zu kurz sind, nähen Sie zwei (oder mehrere) an den Enden zusammen.

7 Wenn Sie keinen Schrägbandformer haben, dann überspringen Sie diesen Schritt. Wenn Sie einen haben, dann fädeln Sie den Streifen gleichmäßig durch das breiteste Ende des Schrägbandformers und schauen Sie zu, wie das Band wunderschön gefaltet auf der anderen Seite wieder hervorkommt. Bügeln Sie währenddessen alles glatt.

8 Wenn Sie keinen Former besitzen, dann falten Sie die Längsseiten des Streifens so ein, dass sie sich in der Mitte treffen, und bügeln Sie diese glatt, während Sie sich weiter vorarbeiten.

Wie man Schrägband befestigt

Die Verarbeitung von Schrägband kann beim ersten Mal etwas entmutigend sein, aber wenn Sie es einmal geschafft haben, werden Sie das schnell vergessen. Dieses Band sorgt für eine saubere Verarbeitung, indem die Schnittkanten eingefasst werden. Es passt sich ideal den Rundungen der Tasche an. Schrägband kann auf beide Stoffseiten, je nach gewünschter Wirkung, aufgenäht werden. Sie brauchen vor dem Einfassen die Schnittkanten Ihres Stoffs nicht unbedingt zu versäubern (können dies aber auf Wunsch natürlich gern tun).

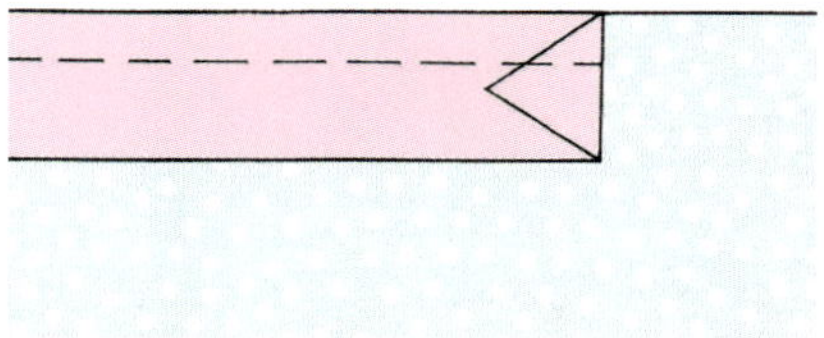

1

1 Klappen Sie eine der Kanten des Bands auf und schlagen Sie ein Ende ca. 2,5 cm auf die Rückseite um (dieses wird später ein sauberes Verbindungsstück werden). Legen Sie die ausgefaltete Kante des Bands bündig auf die Schnittkante des Stoffs, rechts auf rechts. Feststecken oder heften.

2 Nähen Sie entlang der Falte des Bands, beginnen Sie an dem umgeschlagenen Ende und lassen Sie am anderen Ende 2,5 cm des Bands frei hängen.

3 Schlagen Sie das Band auf die Rückseite des Stoffs um und drücken Sie es mit den Fingern fest (ggf. in Form der Rundung, sofern vorhanden, bringen). Nähen Sie entlang des äußeren Rands vom Band.

4 Wiederholen Sie diese Schritte an den anderen Stoffkanten, wobei sich die Schrägbänder dort, wo die beiden Enden aufeinandertreffen, um 2,5 cm überlappen können. Schneiden Sie das Bandende schräg ab (um Knubbel zu vermeiden), stecken Sie es unter und nähen Sie es fest.

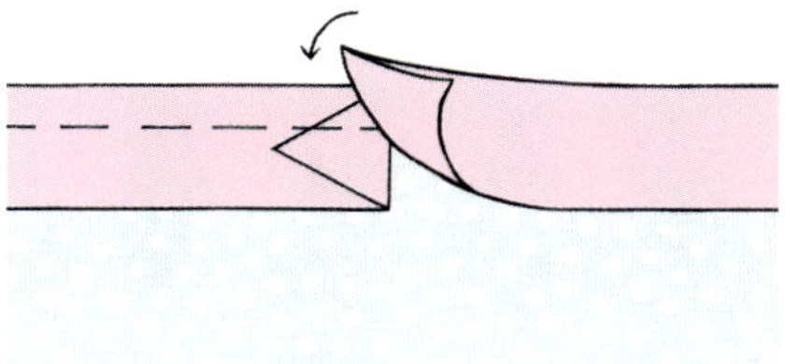

4

Troddeln

Troddeln sind lustige, verspielte Elemente, die Ihre Tasche extravaganter machen und sehr leicht herzustellen sind. Mit Stickgarn oder anderem dünnen Garn gelingen sie am besten.

Wie man Troddeln macht

1 Bestimmen Sie die Länge Ihrer Troddeln und schneiden Sie aus Pappkarton ein Rechteck dieser Länge aus, um welches Sie dann das Garn wickeln.

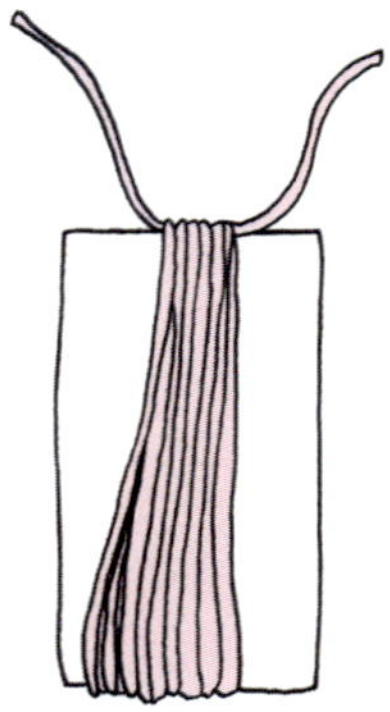
2

2 Wickeln Sie das Garn so lange um die Pappe, bis das Knäuel so dick ist, wie Sie die Troddeln haben möchten.

3 Nehmen Sie eine Nadel mit einem langen Faden, fädeln Sie diesen durch die oberen Schlaufen des aufgewickelten Garns und binden Sie diese mit einem festen Knoten zusammen.

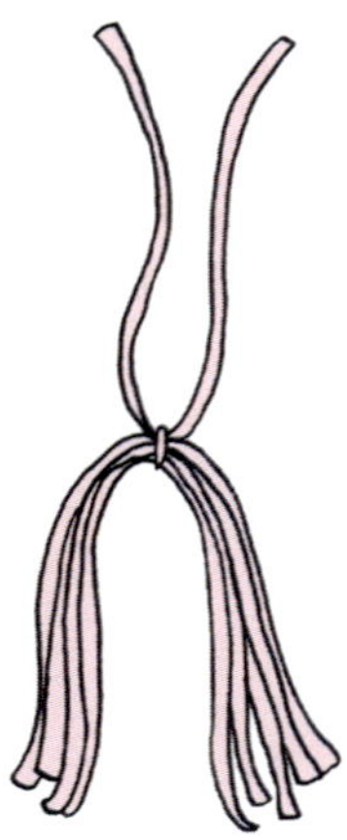
4

4 Ziehen Sie das Garn von der Pappe und schneiden Sie die Schlaufen am unteren Ende auf.

5 Halten Sie nun die zwei Fadenenden fest und bringen Sie die Troddel in Form. Schlingen Sie einen Faden um den oberen Teil, um so den Hals der Troddel zu formen.

6 Stutzen Sie die Fadenenden der Troddel und bringen Sie die Troddel mithilfe des oberen Fadens an Ihrer Tasche an.

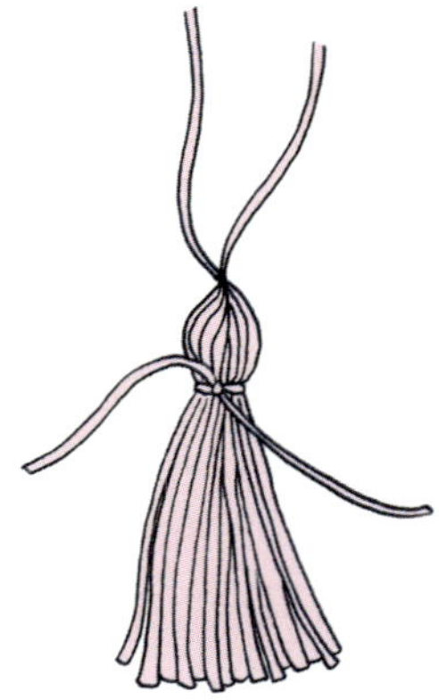
6

Pompon

Pompons sind wundervolle Verzierungen zum Anfassen, die im Nu aufgeplustert werden können. Mit Troddeln kombiniert, sehen sie doppelt so schön aus.

Wie man Pompons macht

1 Wickeln Sie so lange Garn um zwei oder drei Finger, bis es regelmäßig und dick ist.

2 Wickeln Sie einen Faden um das Garn (senkrecht zu den anderen Fäden) und knoten Sie ihn fest.

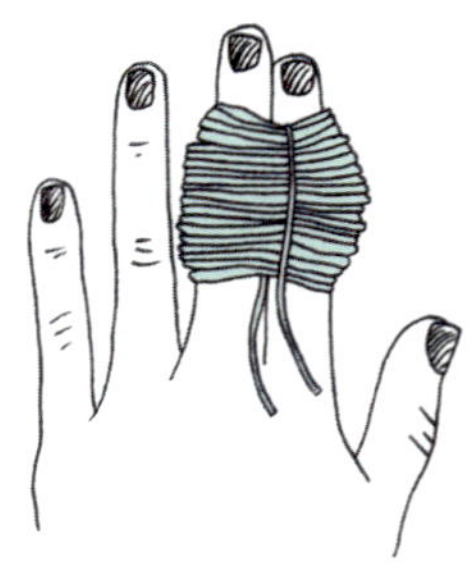
2

3 Ziehen Sie das Garnknäuel von Ihren Fingern und schneiden Sie die Schlaufen an beiden Enden auf.

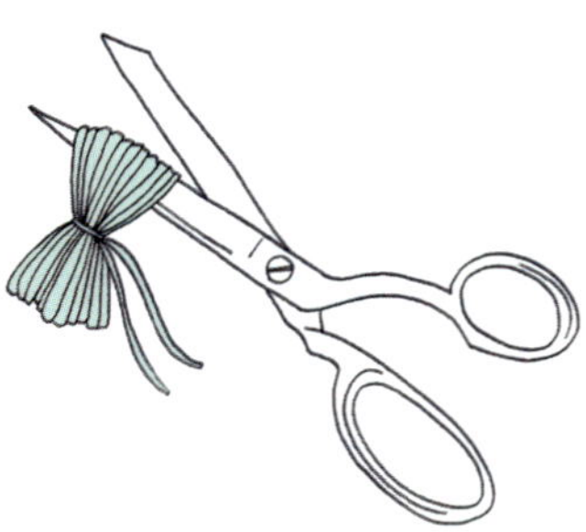
3

4 Plustern Sie die Pompons auf, stutzen Sie die Fäden, falls nötig, und fixieren Sie sie mit dem oberen Faden an Ihrer Tasche.

MODELLE

BÜCHER-TASCHE

In Büchereien muss man still sein, aber wenn es um Büchertaschen geht, gibt es keine Regeln! Fallen Sie bei Ihrem nächsten Büchereibesuch auf – mit frischen Farben und einem witzigen Look.

Diese Tasche hat zwei Nahtlinien entlang jeder Kante, nicht nur um die Nähte für schwere Lasten zu stärken, sondern auch als Verzierung. (Zudem werden dadurch die hässlichen Schnittkanten versteckt.) Wenn Sie mutig sind, verwenden Sie auffälliges Garn, um diese Naht extra zu betonen.

Die Tasche entsteht aus einem Stück Stoff, das in der Mitte gefaltet wird, daher empfehle ich einen Stoff ohne Musterrichtung bzw. einen schlichten oder strukturierten Stoff.

Material

- mittelschwerer Baumwollstoff: ca. 80 cm × 120 cm (Breite × Höhe)

CHIC

BÜCHER-TASCHE

FERTIGMASS

- 42 cm (Breite) × 44 cm (Höhe)

SCHNITTSTÜCKE

- 1 Taschenstück: 44 cm (Breite) × 49 cm (Länge), an der Falte schneiden, sodass das ausgefaltete Stück 44 cm (Breite) × 98 cm (Länge) misst
- 2 Riemenstücke: 12 cm × 63 cm

NÄHEN

Riemen

1 Falten Sie jedes Riemenstück längs in der Mitte, rechts auf rechts, und nähen Sie mit einem Abstand von 1 cm von der Schnittkante.

2 Bügeln Sie die Naht auf und drehen Sie anschließend den Riemen auf rechts. (Mit einer Sicherheitsnadel an dem einen Ende lässt sich der Stoff leichter führen.)

3 Bügeln Sie den Riemen mit der Naht in der Mitte glatt. Steppen Sie 5 mm von jeder Kante entfernt, entlang des gesamten Riemens, ab.

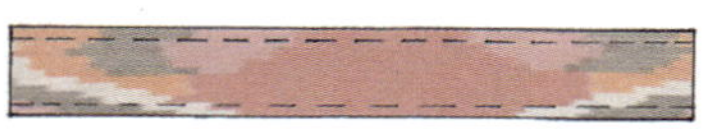

3

4 Falten Sie das Taschenstück in der Mitte, rechts auf rechts, zusammen. Schlagen Sie auf beiden Seiten den oberen Rand 2 cm auf die Rückseite um und bügeln Sie diese.

5 Platzieren Sie den Riemen auf der gefalteten Kante auf jeder Seite der Tasche 9,5 cm von den Schnittkanten entfernt und stecken Sie diese fest. Achten Sie darauf, dass die Riemen nicht verdreht sind, anschließend nähen Sie sie fest.

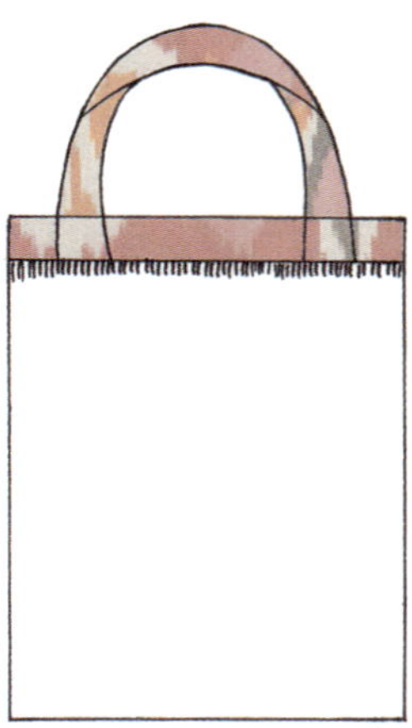

5

6 Schlagen Sie den oberen Rand 2 cm auf der Rückseite ein, dann falten Sie den Riemen über diesen Saum und stecken ihn fest.

7 Nähen Sie entlang dieser gefalteten Kante, 5 mm von dem oberen und unteren gefalteten Saum entfernt, um den Saum und die Riemen zu fixieren.

Tasche

1 Stecken Sie rechts auf rechts die Seitenränder der Tasche zusammen.

2 Nähen Sie 5 mm von der Kante an beiden Seiten entlang. Bügeln Sie die Naht nur auf einer Seite glatt – bügeln Sie die Naht nicht auf!

3 Drehen Sie die Tasche auf rechts und bügeln Sie einmal darüber.

4 Steppen Sie 5 mm entfernt von der Kante auf beiden Seiten entlang der unteren Kante ab. Anschließend steppen Sie erneut ab, dieses Mal 1,5 cm von der Kante entfernt.

4

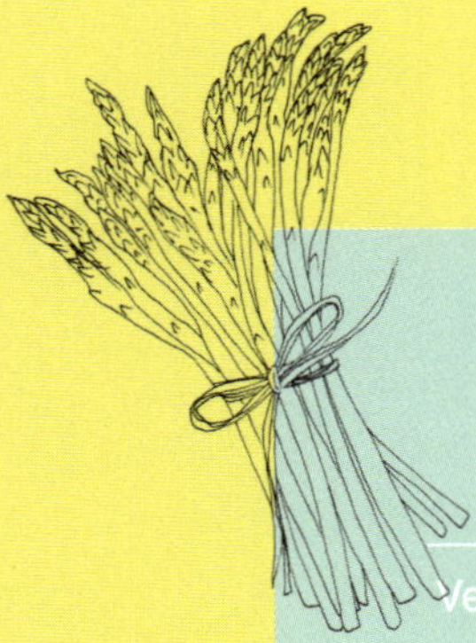

MARKTTASCHE

Verschönern Sie Ihren frühmorgendlichen Marktbesuch mit dieser schnell und leicht genähten Tasche mit Innenfutter. Sie ist groß genug, um darin frisches Obst und Gemüse zu transportieren, aber nicht so groß, dass das Tragen Probleme bereitet. Noch ein Paar bunte Henkel dazu – und schon werden Sie von all den anderen Kunden mit ihren öden Jutebeuteln beneidet.

Für diese Tasche habe ich Lederhenkel mit Erdbeeraufnähern verwendet. Auf Websites wie Etsy findet man eine breite Palette an Henkeln; bei so viel Auswahl finden Sie garantiert die idealen Henkel für Ihre Tasche.

Wählen Sie einen Kunststoff oder ein anderes wasserfestes Material für das Futter aus, wenn Sie Ihre Tasche vor Nässe und Schmutz schützen möchten, oder nehmen Sie eine helle, auffällige Farbe, wenn Sie Ihren Wocheneinkauf ein wenig aufpeppen wollen.

Material

- mittelschwerer bis schwerer Baumwollstoff für die Tasche: ca. 115 cm (Breite) × 65 cm (Länge)
- leichter bis mittelschwerer Baumwollstoff für das Futter: ca. 115 cm (Breite) × 65 cm (Länge)
- schwere Einlage: ca. 115 cm (Breite) × 65 cm (Länge). Wenn Sie in Ihrem Stoffladen keine so breite Einlage finden, nehmen Sie zwei Lagen mittelschweren Einlagenstoffs.
- Henkel zum Annähen

MARKT-TASCHE

FERTIGMASS

- 46 cm (Breite) × 36 cm (Höhe)

SCHNITTSTÜCKE

- 2 Taschenstücke:
  49 cm (Breite) × 44 cm (Länge)
- 2 Futterstücke:
  49 cm (Breite) × 44 cm (Länge)
- 2 Einlagenstücke:
  49 cm × 44 cm

NÄHEN

Tasche

1. Legen Sie die Taschenstücke rechts auf rechts aufeinander. Legen Sie diese wiederum zwischen die zwei Einlagenstücke. Stecken Sie alle Lagen zusammen. Steppen Sie 1,5 cm entfernt von dem Rand auf beiden Seiten und entlang des unteren Rands ab.
2. Um die Ecken in die Tasche zu nähen, folgen Sie der Anleitung auf Seite 14, messen Sie dazu 6 cm von der Spitze aus ab. Drehen Sie die Tasche auf rechts.

Futter

1. Stecken Sie die beiden Futterstücke rechts auf rechts zusammen. Steppen Sie mit einem Abstand von 1,5 cm an den Seitenrändern und am unteren Rand entlang ab. Lassen Sie dabei eine 15 cm breite Öffnung, um die Tasche später auf rechts zu drehen.
2. Nähen Sie die Taschenecken in das Futter, wie oben in Schritt 2 beschrieben.

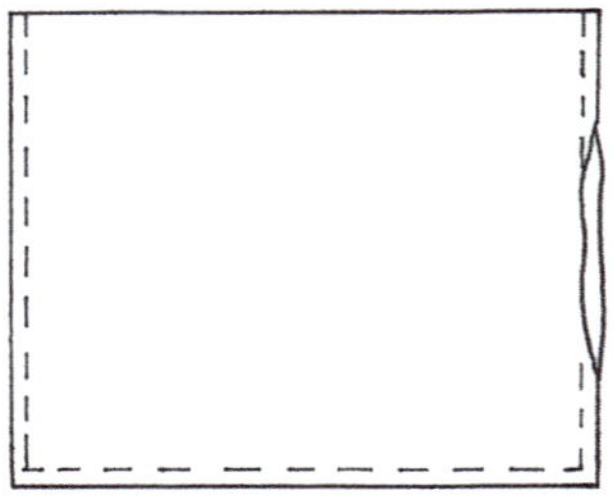

1

Zusammenfügen

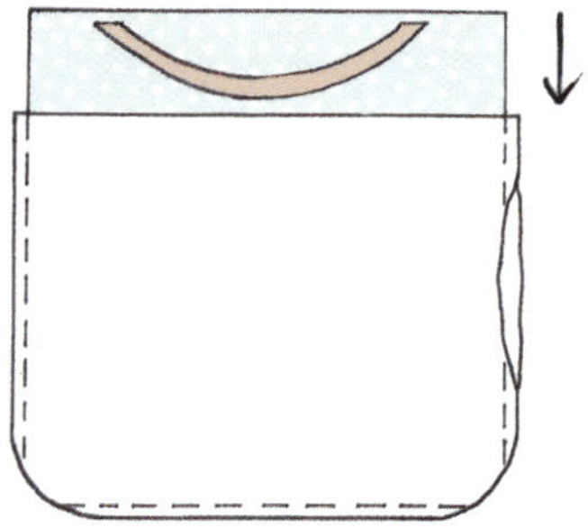
2

1 Legen Sie auf die rechte Stoffseite der Tasche die Enden des ersten Henkels mindestens 2 cm entfernt von der oberen Kante auf (bedenken Sie, dass Sie 1,5 cm für die Nahtzugabe benötigen) und so weit entfernt von den Seitenkanten, wie es für die ausgewählten Henkel passend ist. Notieren Sie diese Maße, um anschließend den zweiten Henkel auf der anderen Taschenseite ebenso zu befestigen. Nähen Sie die Henkel durch alle Stofflagen hindurch fest.

2 Drehen Sie die Tasche auf rechts und klappen Sie die Henkel auf der Außenseite der Tasche nach unten. Stecken Sie die Tasche nun in das Futter (dieses sollte immer noch auf links gedreht sein).

3 Stecken Sie die oberen Schnittkanten von Tasche und Futter zusammen. Steppen Sie 1,5 cm entfernt vom Rand entlang der oberen Kante.

4 Ziehen Sie die Tasche durch die Öffnung im Futter, nähen Sie diese anschließend zu und stecken Sie das Futter in die Tasche.

5 Bügeln Sie die Tasche, verwenden Sie hierzu einen leichten Baumwollstoff als Auflage, um Ihren Stoff und die Henkel vor der Bügelhitze zu schützen.

6 Steppen Sie den oberen Rand nahe der Faltkante ab.

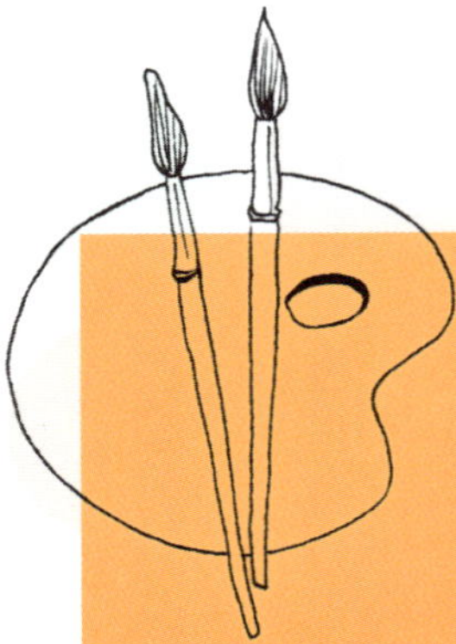

KÜNSTLER-TASCHE

Als kreativer Mensch wissen Sie ja, welche Dinge Sie unterwegs benötigen. Und es ist einfacher, als Sie denken, eine Tasche für Ihre kreativen Bedürfnisse zu nähen. Ein paar zusätzliche Lagen Stoff als Polster schützen Ihre Utensilien unterwegs.

Diese Tasche ist groß genug für Ihr Skizzenbuch und hat zwei Innentaschen – eine so groß, dass ein Zeichenblock hineinpasst, die andere eignet sich für kleinere Dinge wie ein Stiftemäppchen, eine Brieftasche oder ein Handy. Wenn Sie mehr Innentaschen brauchen, schneiden Sie einfach ein weiteres Stück Stoff zurecht und nähen Sie es auf der anderen Innenseite fest.

Material

- mittelschwerer bis schwerer Baumwollstoff für die Tasche: 115 cm (Breite) × 120 cm (Länge)
- Baumwollstoff für das Futter und die Innentasche: ca. 115 cm (Breite) × 2 m (Länge)
- mittelschwere bis schwere Einlage: ca. 115 cm (Breite) × 120 cm (Länge)
- mittelschwerer bis schwerer Polsterstoff: ca. 115 cm (Breite) × 2 m (Länge)
- 3,8 cm breiter Gurt für Trageriemen: 140 cm (Länge)

KÜNSTLER-TASCHE

FERTIGMASS

- 41 cm (Breite) × 46 cm (Höhe)

SCHNITTSTÜCKE

- 2 Taschenstücke:
  44 cm (Breite) × 49 cm (Länge)
- 2 Futterstücke:
  44 cm (Breite) × 49 cm (Länge)
- 2 Einlagenstücke:
  44 cm (Breite) × 49 cm (Länge)
- 2 Polsterstücke für die Tasche:
  44 cm (Breite) × 49 cm (Länge)
- 1 Innentaschenstück:
  44 cm (Breite) × 68 cm (Länge)
- 1 Polsterstück für die Innentasche: 44 cm × 34 cm
- 2 Gurtstreifen: 70 cm (Länge)

NÄHEN

Tasche

1 Legen Sie die Taschenstücke rechts auf rechts aufeinander. Legen Sie sie wiederum zwischen die zwei Einlagenstücke und diese anschließend zwischen die zwei Polsterstücke. Stecken Sie alles zusammen. Nähen Sie an beiden Seiten und der unteren Kante entlang, in einem Abstand von 1,5 cm vom Rand. Drehen Sie alles auf rechts.

2 Stecken Sie die Riemen 6,5 cm von der Oberkante und 8 cm von den Seitenkanten entfernt auf beiden Seiten der Tasche fest. Schlagen Sie die Schnittkanten der Streifen 5 mm ein, um ein Ausfransen zu verhindern, oder versiegeln Sie die Enden mit Fransenstopp. Vergewissern Sie sich, dass die Riemen nicht verdreht sind. Nähen Sie die Riemen fest, indem Sie erst ein Quadrat über die gesamte Breite des Riemens und anschließend ein „X“ in die Mitte nähen, um die Naht zusätzlich zu stärken.

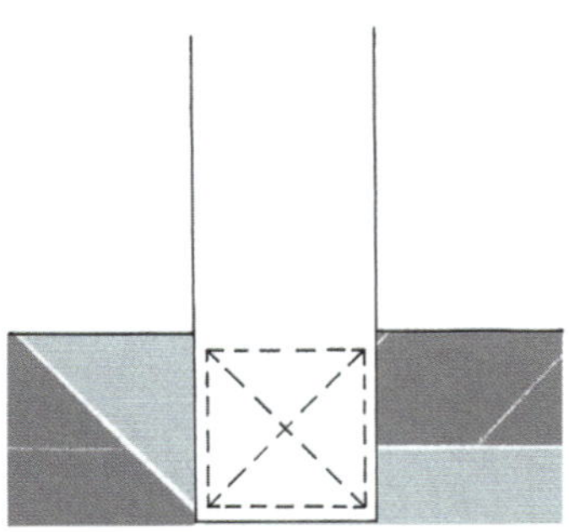

2

Futter und Innentasche

1 Falten Sie den Stoff für die Innentasche in der Mitte und stecken Sie den Polsterstoff zwischen diese zwei Lagen. Nähen Sie eine Stichlinie nah an der Faltkante entlang.

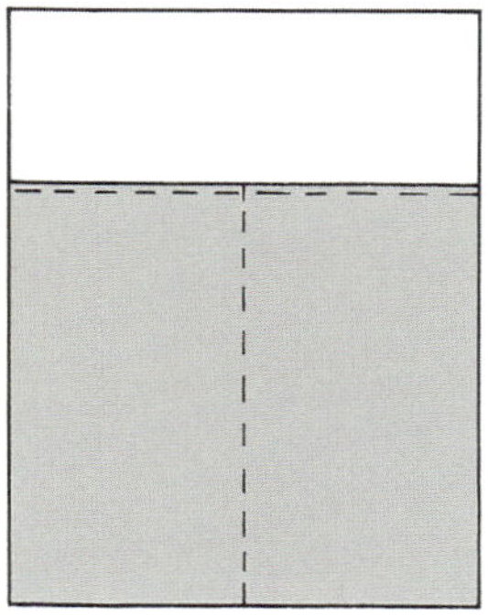

2

2 Legen Sie die Innentasche mit der rechten Stoffseite nach oben auf eines der Futterstücke und stecken Sie die Schnittkante und die Bodenkanten zusammen. Messen Sie 28 cm von einer Kante ab und zeichnen Sie eine vertikale Linie ein. Nähen Sie entlang dieser Linie, um die Tasche zu teilen.

3 Legen Sie nun auch das andere Futterstück oben auf – die rechte Seite zeigt dabei nach oben – und stecken Sie es fest. Nähen Sie mit einem Abstand von 1,5 cm entlang beider Seiten und des unteren Rands. Lassen Sie auf einer Seite eine 15 cm breite Öffnung zum späteren Umdrehen.

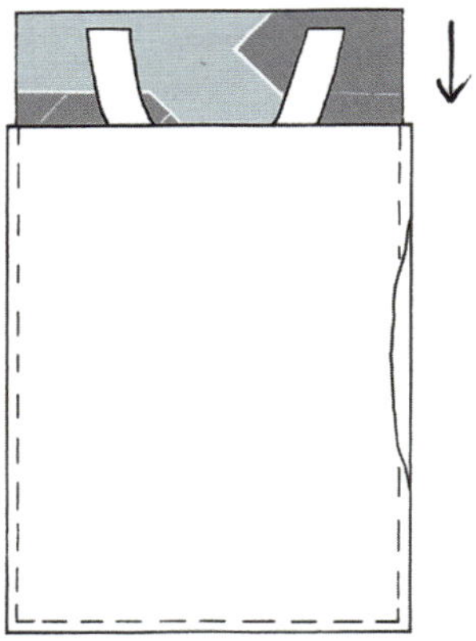

1

Zusammenfügen

1 Drehen Sie die Tasche auf rechts und klappen Sie die Henkel auf der Außenseite der Tasche nach unten. Nun stecken Sie die Tasche in das Futter (welches immer noch auf links gedreht sein sollte).

2 Stecken Sie die Schnittkanten der Tasche und des Futters zusammen. Nähen Sie die gesamte Oberkante zusammen.

3 Ziehen Sie die Tasche durch die Öffnung im Futter, nähen Sie diese zu und stecken Sie das Futter zurück in die Tasche.

4 Bügeln Sie die Tasche, verwenden Sie dazu einen leichten Baumwollstoff, um den Stoff und die Riemen vor der Bügelhitze zu schützen.

5 Steppen Sie den oberen Rand nah an der Faltkante ab.

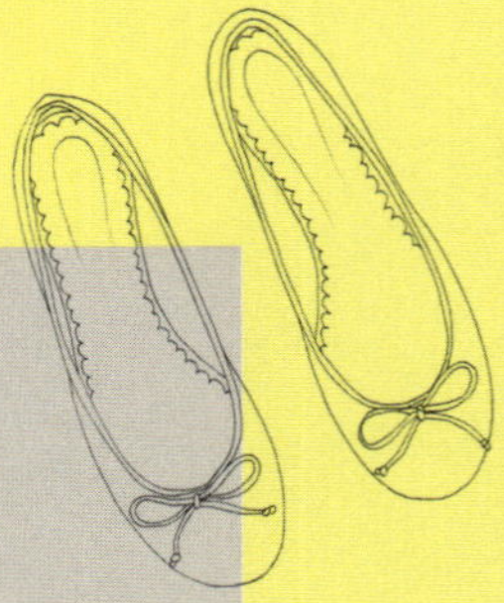

SCHUHTASCHE

Egal, ob Sie eine viel beschäftigte Angestellte sind, eine Tänzerin auf dem Weg zum Unterricht oder jemand, der im Laufe des Tags einfach mal gern die Schuhe wechselt – diese Tasche ist ideal, um Ihr Ersatzpaar Schuhe immer stilsicher dabeizuhaben.

Für diese Tasche sollten Sie einen waschbaren Stoff verwenden und diesen vor dem Nähen einmal waschen und trocknen, um weiteres Einlaufen zu vermeiden.

Ein Zugbandverschluss schließt die Tasche und kann nach innen geklappt werden, sodass die Tasche wie ein normaler Beutel benutzt werden kann. Wandelbar, stylish und mit genügend Platz für ein zusätzliches Paar Schuhe … Welche Frau braucht nicht so eine Tasche?

Material

- mittelschwerer bis schwerer, waschbarer Baumwollstoff für die Tasche: ca. 115 cm (Breite) × 50 cm (Länge)
- leichter bis mittelschwerer Stoff für das Futter und die Zugbandöffnung: ca. 115 cm (Breite) × 90 cm (Länge)
- 2,5 cm breiter Gurt für die Riemen: 125 cm (Länge)
- Zugband oder Kordel: 80 cm (Länge)
- Kordelstopper (entsprechend der Dicke der Kordel/des Bands)

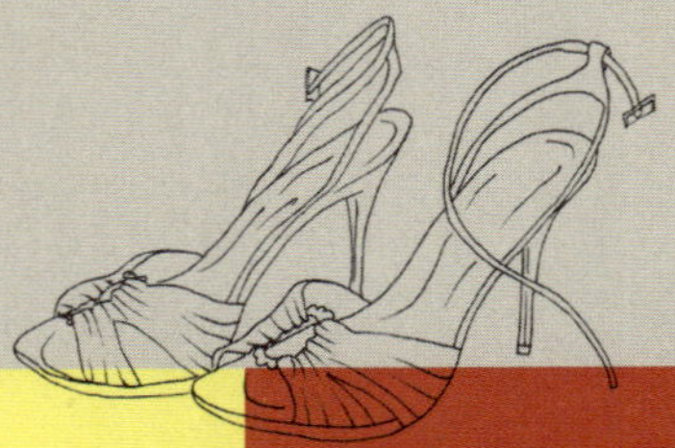

SCHUH-TASCHE

FERTIGMASS

- 35 cm (Breite) × 40 cm (Höhe)

SCHNITTSTÜCKE

- 2 Taschenstücke:
  37 cm (Breite) × 42 cm (Länge)
- 2 Futterstücke:
  37 cm (Breite) × 42 cm (Länge)
- 2 Stücke für die Öffnung:
  37 cm (Breite) × 22 cm (Länge)
- 2 Gurtriemen: 62 cm (Länge)

NÄHEN

Tasche

1 Stecken Sie die Taschenstücke rechts auf rechts zusammen. Nähen Sie entlang beider Seiten und entlang der Unterkante.

2 Drehen Sie die Tasche auf rechts und bügeln Sie sie glatt.

Futter

1 Stecken Sie die Futterstücke rechts auf rechts zusammen. Nähen Sie im Abstand von 1,5 cm an beiden Seiten und am unteren Rand entlang. Lassen Sie dabei eine 15 cm breite Öffnung für das spätere Drehen auf rechts.

Zugbandverschluss

1 Versäubern Sie an beiden Öffnungsstücken per Zickzack- oder Overlockstich die kürzeren Schnittkanten.

2 Stecken Sie diese zwei Stücke rechts auf rechts zusammen und machen Sie auf jeder Seite im Abstand von 6,5 cm von der oberen Kante eine Markierung.

3 Von hier aus nähen Sie jede Seite fest. Bügeln Sie die Naht auf.

4 Für den Zugbandtunnel: Schlagen Sie die obere Kante um 1 cm auf die Rückseite um und bügeln Sie darüber. Schlagen Sie die Kante noch einmal 2,5 cm um und bügeln Sie erneut darüber. Nähen Sie den Tunnel fest in einem Abstand von 5 mm zur Faltkante.

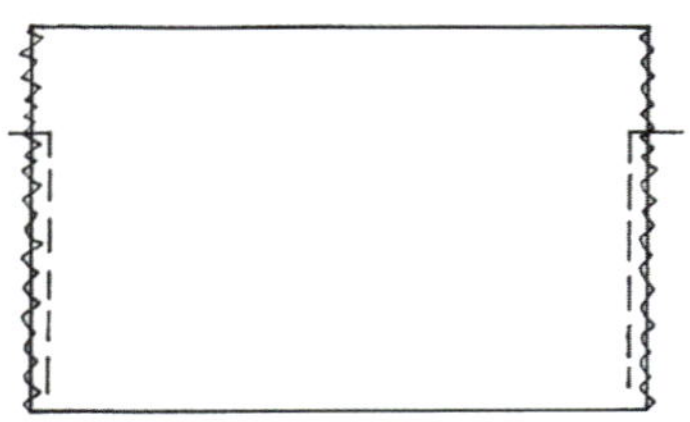

3

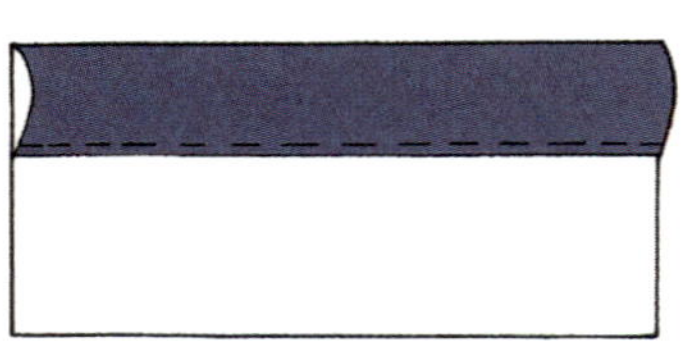

4

Zusammenfügen

2

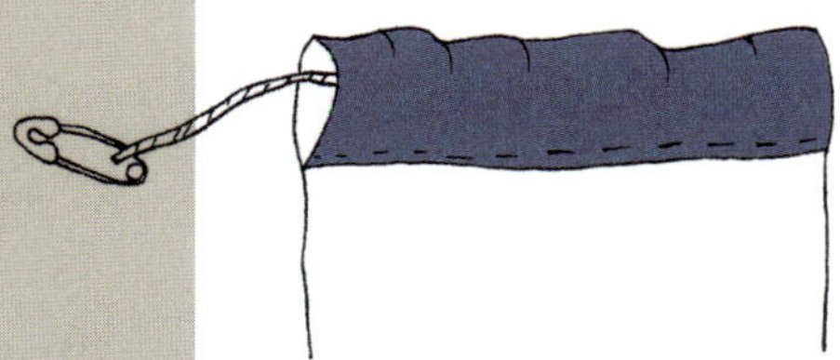

7

1 Stecken Sie die Gurtriemen auf beiden Seiten der Tasche 6 cm von der Oberkante und 8 cm von den Seiten entfernt fest. Schlagen Sie die Enden der Riemen 1 cm um, damit sie nicht ausfransen. Nähen Sie entlang der Gurtränder und nah der Taschenöffnung, um die Riemen gut zu befestigen.

2 Klappen Sie die Riemen nach innen und legen Sie das Stück Stoff für die Öffnung oben auf die Tasche, rechts auf rechts. Legen Sie die Schnittkanten genau übereinander – der Tunnelzug sollte zum Taschenboden zeigen. Stecken Sie alles fest.

3 Die Tasche auf rechts, das Futter auf links gedreht, stecken Sie die Tasche in das Futter.

4 Stecken Sie alle drei Kanten (Taschen-, Futter- und Öffnungstück) oben zusammen und nähen Sie einmal entlang des oberen Rands.

5 Ziehen Sie die Tasche durch die Öffnung, nähen Sie diese anschließend zu und stecken Sie das Futter in die Tasche.

6 Bügeln Sie die obere Kante glatt, steppen Sie anschließend entlang dieser und durch alle Lagen 5 mm vom Rand entfernt ab.

7 Fädeln Sie die Kordel oder das Band durch den Tunnel. Nehmen Sie eine Sicherheitsnadel zu Hilfe, die an einem Ende der Kordel befestigt ist.

8 Führen Sie die Kordel durch den Kordelstopper und machen Sie in die Enden der Kordel je einen Knoten.

GARTENTASCHE MIT SECHS FÄCHERN

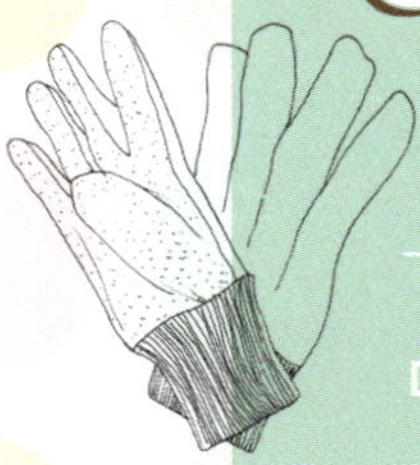

Wenn wir draußen im Garten sind, brauchen wir unzählige Dinge: Samen, Handschuhe, Schaufel, Hut und Insektenspray, um nur einige zu nennen. Mit dieser robusten Gartentasche sind Sie bestens gewappnet und können sich mit allen wichtigen Utensilien ins Grüne aufmachen.

Natürlich kann diese Tasche auch außerhalb des Gartens benutzt werden; da sie relativ groß ist, kann sie genauso gut als Strand- oder Basteltasche Verwendung finden oder wann immer Sie eine geräumige, stabile Tasche mit viel Stauraum benötigen.

Material

- mittelschwerer bis schwerer Baumwollstoff für die Tasche: ca. 115 cm (Breite) × 70 cm (Länge)
- leichter bis mittelschwerer Stoff für das Futter: ca. 115 cm (Breite) × 70 cm (Länge)
- Sackleinen (Jute) oder schwerer Stoff für die Fächer: ca. 115 cm (Breite) × 80 cm (Länge)
- 3 cm breiter Gurt für die Riemen; 320 cm (Länge)
- robustes Plastik für den Boden: 12 cm × 34 cm – erhältlich in Kunst- und Bastelläden

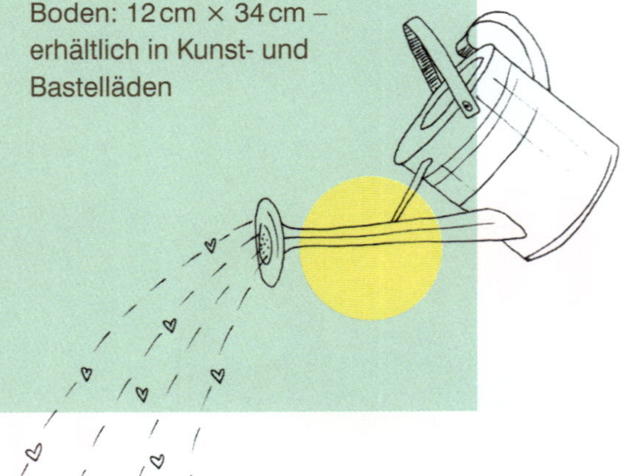

GARTENTASCHE MIT SECHS FÄCHERN

FERTIGMASS

- 45 cm (Breite) × 42 cm (Höhe)

SCHNITTSTÜCKE

- 2 Taschenstücke:
  48 cm (Breite) × 51 cm (Länge)
- 2 Futterstücke:
  48 cm (Breite) × 51 cm (Länge)
- 2 Stücke für die Fächer:
  48 cm (Breite) × 61 cm (Länge)
- 2 Gurtriemen: 160 cm (Länge)

NÄHEN

Fächer

1 Falten Sie die zwei Stoffstücke für die Fächer der Länge nach in der Hälfte, sodass sie 30,5 cm lang und 48 cm breit sind. Bügeln Sie diese.

2 Mit der jeweils rechten Seite nach oben stecken Sie nun die Fächerstücke auf die Taschenstücke. Achten Sie darauf, dass die unteren Schnittkanten bündig abschließen.

Riemen

Legen Sie die Gurtriemen 13 cm von jeder Seite entfernt auf die rechte Seite der beiden Taschenstücke, sodass die Gurtenden mit der unteren Schnittkante der Tasche abschließen. Feststecken. Nähen Sie diese entlang jeder Riemenseite fest, indem Sie von unten nach oben bis 2,5 cm vor der oberen Taschenkante nähen. Nähen Sie oben ein Quadrat über die gesamte Riemenbreite, verstärken Sie die Naht mit einem „X“ (siehe Seite 15).

Tasche

1 Stecken Sie die Taschenstücke rechts auf rechts zusammen. Steppen Sie entlang beider Seiten und entlang der unteren Kante.

2 Um die Ecken im Boden abzunähen, folgen Sie der Anleitung auf Seite 14, messen Sie hierzu 6 cm vom Eckpunkt aus ab. Drehen Sie die Tasche auf rechts.

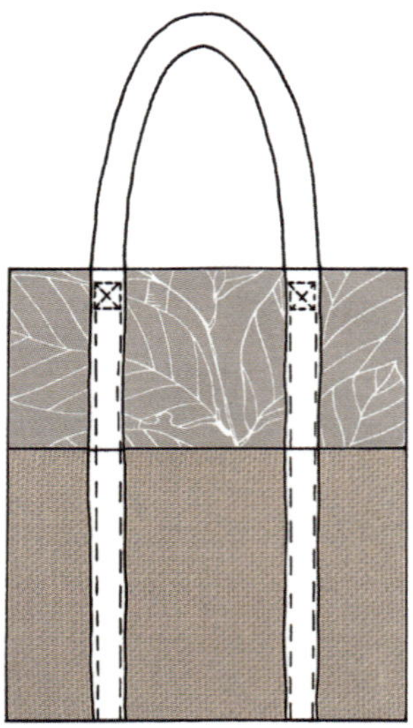

1

3 Legen Sie das Stück Plastik auf den Taschenboden.

Futter

1 Stecken Sie die Futterstücke rechts auf rechts zusammen. Nähen Sie entlang beider Seiten und entlang der unteren Kante. Lassen Sie eine 15 cm breite Öffnung frei, um die Tasche später auf rechts drehen zu können.

2 Nähen Sie wie bei der Tasche (Schritt 2) die Ecken in das Futter.

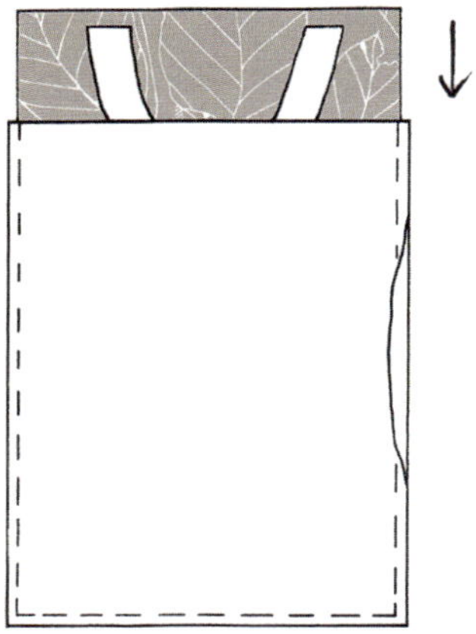

1

Zusammenfügen

1 Drehen Sie die Tasche auf rechts und klappen Sie die Riemen auf der Außenseite der Tasche nach unten. Stecken Sie nun die Tasche in das Futter (das noch auf links gedreht sein sollte).

2 Stecken Sie die oberen Schnittkanten von Tasche und Futter zusammen. Nähen Sie nun entlang der gesamten Oberseite.

3 Ziehen Sie die Tasche durch die Öffnung, nähen Sie diese zu und stecken Sie das Futter in das Tascheninnere.

4 Bügeln Sie die Tasche. Verwenden Sie hierbei ein leichtes Baumwolltuch, um den Stoff und die Riemen vor der Bügelhitze zu schützen.

5 Steppen Sie den oberen Rand möglichst nah an der Bruchkante ab.

FALTBARER EINKAUFSBEUTEL

Perfekt für unerwartete Einkaufstouren: Zusammgefaltet passt dieser leichte Einkaufsbeutel problemlos in Ihre Handtasche.

Sie können ihn zu einem kleinen Quadrat zusammenfalten, das weder viel wiegt noch viel Platz in Ihrer Handtasche benötigt. Ein praktisches Extra: Die aufgenähte Tasche, in der der Beutel verstaut wird, erfüllt noch einen zweiten Zweck – Sie können dort Schlüssel, Geldbörse oder eine Sonnenbrille aufbewahren.

Material

- leichter Baumwollstoff für den Beutel: ca. 115 cm (Breite) × 60 cm (Länge)
- Taschenstoff: 30 cm (Breite) × 50 cm (Länge)
- 2,5 cm Gurt für Riemen: 130 cm (Länge)

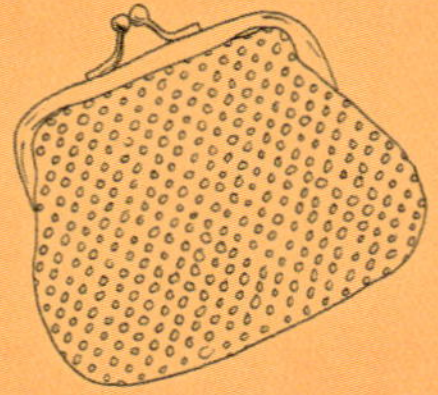

FALTBARER EINKAUFS-BEUTEL

FERTIGMASS

- Beutel: 39 cm × 39 cm
- Falttasche: 14 cm × 15 cm

SCHNITTSTÜCKE

- 2 Stücke für den Beutel: 42 cm (Breite) × 42 cm (Länge)
- 1 Stück für die kleine Tasche: 17 cm (Breite) × 32 cm (Länge)
- 2 Gurtriemen: 65 cm (Länge)

NÄHEN

Kleine Tasche

1 Falten Sie das Stoffstück für die Tasche rechts auf rechts in der Mitte, sodass es 16 cm × 17 cm misst. Bügeln.

2 Für die doppellagige Tasche folgen Sie der Anleitung auf Seite 18.

3 Wählen Sie ein Stück Stoff für die Vorderseite des Beutels aus und legen Sie die Tasche auf die rechte Stoffseite im Abstand von 13,5 cm von den Seiten und der Unterkante auf. Stecken Sie alles fest.

4 Nähen Sie die Tasche auf die Beutelvorderseite entlang beider Seiten und entlang der unteren Kante nah am Rand fest. Nähen Sie nicht die Öffnung der Tasche zu!

4

Beutel

1 Legen Sie das andere Stück Stoff rechts auf rechts auf die Vorderseite und stecken Sie es fest. Nähen Sie es dann an den Seiten und der Unterkante fest. Schnittkanten werden mit Zickzack- oder Overlockstich versäubert.

2 Schlagen Sie am oberen Rand des Beutels 1 cm Stoff auf die linke Seite um, bügeln Sie es und schlagen Sie noch einmal 1 cm um. Erneut bügeln.

3 Legen Sie die Riemen im Abstand von 10 cm von jeder Seite des Beutels auf die umgeschlagene Oberkante (innen) und schieben Sie die Schnittenden 1 cm darunter, damit diese nicht ausfransen. Stecken Sie alles fest.

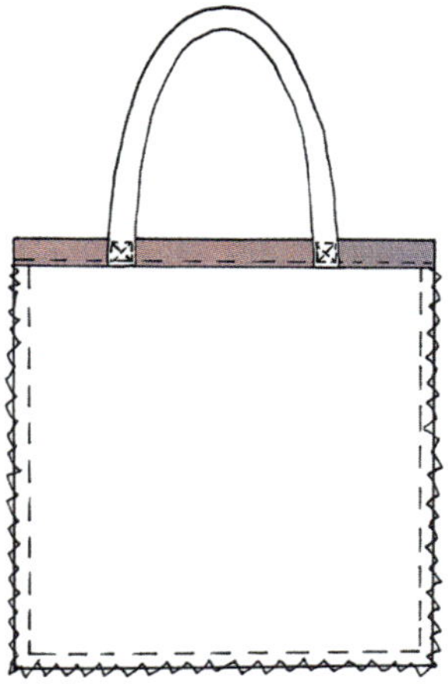

5

4 Steppen Sie nah am Saumfalz an der oberen Kante entlang. Halten Sie an, um die Stecknadeln zu entfernen, wenn Sie bei den Riemen angekommen sind.

5 Nähen Sie über die gesamte Riemenbreite ein Quadrat mit einem „X“ in der Mitte zur Verstärkung der Naht (siehe Seite 15).

6 Drehen Sie den Beutel auf rechts und bügeln Sie ihn glatt.

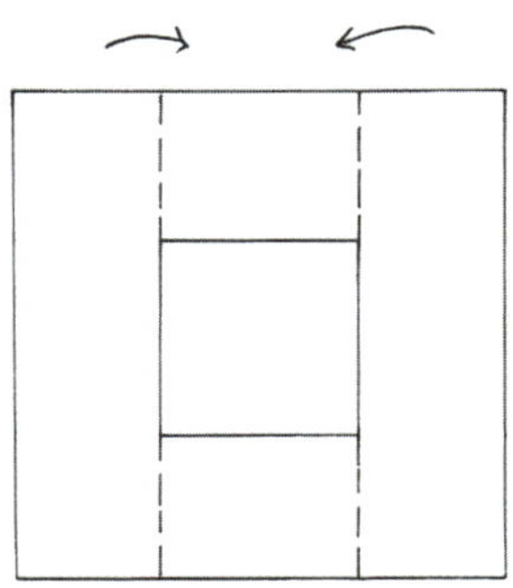

7a

7 Wenn Sie den Beutel platzsparend verstauen möchten, falten Sie alle vier Seiten nach innen ein, drücken den Beutel in die aufgenähte Tasche und stülpen diese um.

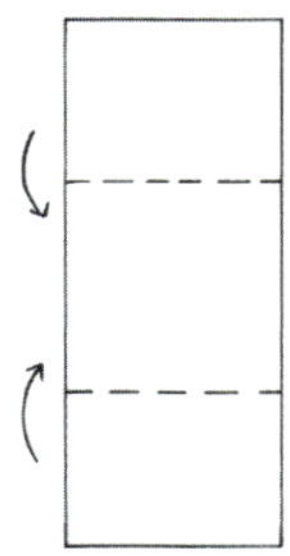

7b

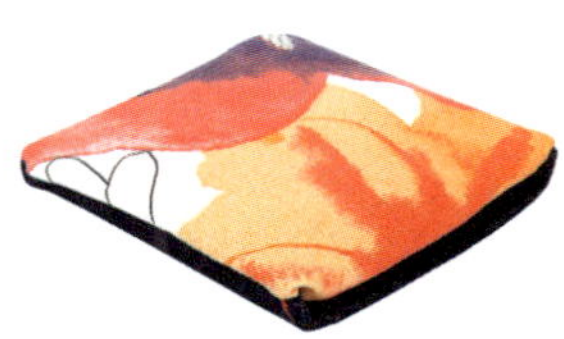

KINDER-TASCHE

Eine kleine Tasche für die ganz Kleinen. Diese süße Tasche ist perfekt für Kinder, die gern ihre Lieblingsspielzeuge und sonstigen Plunder mit sich herumtragen.

Für diese Tasche braucht man nur sehr wenig Stoff, also ein ideales Projekt, wenn Sie ein paar bunte Stoffreste übrig haben. Ich habe diese Tasche für Mädchen entworfen, aber sie kann ganz leicht auf Jungen abgestimmt werden: Ersetzen Sie lediglich die zwei Henkel durch einen langen Riemen, lassen Sie die Kante aus Pompons weg und wählen Sie ein entsprechendes Stoffmuster aus.

Vergrößern Sie das Schnittmuster, wenn Sie eine größere Tasche für Erwachsene machen möchten – die Anleitung gilt weiterhin.

Material

- Baumwollstoff für die Tasche: ca. 40 cm (Breite) × 40 cm (Länge)
- Baumwollstoff für das Futter: ca. 40 cm (Breite) × 40 cm (Länge)
- Baumwollstoff für die Henkel: ca. 20 cm (Breite) × 50 cm (Länge)
- Pomponschnur: 1 m
- Schnittmuster Kindertasche

KINDER-TASCHE

FERTIGMASS

- 20 cm (Breite) × 24 cm (Höhe)

SCHNITTSTÜCKE

- 2 Taschenstücke: am Stoffbruch mithilfe des Schnittmusters ausschneiden
- 2 Futterstücke: am Stoffbruch mithilfe des Schnittmusters ausschneiden
- 2 Henkelstücke:
  32 cm (Länge) × 6 cm (Breite)

1

NÄHEN

Tasche

1 Legen Sie ein Taschenstück mit der Vorderseite nach oben und platzieren Sie die Pomponschnur entlang des Rands, die Pompons zeigen nach innen. Heften Sie alles fest, wobei die Schnur mit der Schnittkante des Stoffs abschließt.

2 Legen Sie das andere Taschenstück darauf (rechts auf rechts) und stecken Sie die Ränder zusammen. Nähen Sie entlang der runden Kanten, anschließend schneiden Sie Aussparungen in die Rundungen (siehe Seite 14). Drehen Sie die Tasche auf rechts.

Futter

1 Stecken Sie die Futterstücke rechts auf rechts zusammen. Nähen Sie entlang der runden Kanten, lassen Sie dabei eine 4 cm breite Öffnung frei, damit Sie später die Tasche auf rechts drehen können.

2 Schneiden Sie Aussparungen in Form von kleinen Dreiecken in die Nahtzugabe der Rundungen.

Henkel

1 Für das Nähen der Henkel folgen Sie der Anleitung auf Seite 15 (nur die Schritte 1–3).

2 Steppen Sie jeden Henkel 3 mm von jeder Seite entfernt über die gesamte Länge ab.

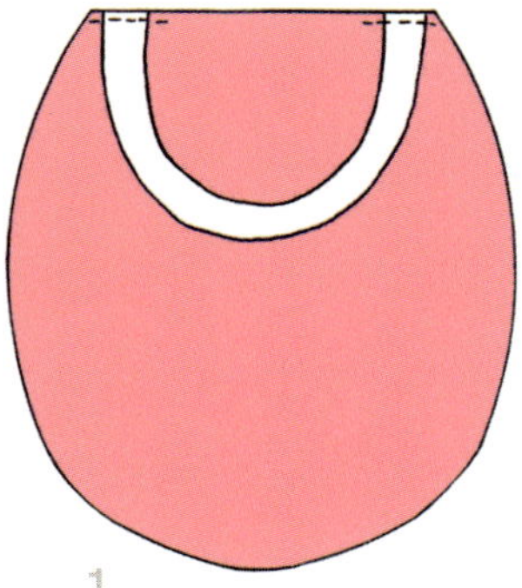
1

Zusammenfügen

1 Drehen Sie das Futter auf rechts. Legen Sie auf beide Seiten des Futters die Henkel im Abstand von 1,5 cm von den Seitenrändern, sodass die Schnittkanten aufeinanderliegen. Achten Sie darauf, dass die Henkel zum Boden der Tasche zeigen und nicht verdreht sind. Nähen Sie diese in einem Abstand von ca. 5 mm zur oberen Kante fest.

2 Drehen Sie das Futter wieder auf links. Stecken Sie die auf rechts gedrehte Tasche in das Futter. Achten Sie auch hier darauf, dass die Henkel zum Taschenboden nach unten zeigen.

3 Stecken Sie die oberen Schnittkanten der Tasche und des Futters zusammen. Nähen Sie entlang der gesamten Oberkante.

4 Ziehen Sie die Tasche durch die Öffnung im Futter, nähen Sie diese anschließend zu und stecken Sie das Futter in das Tascheninnere.

5 Bügeln Sie die obere Kante glatt und steppen Sie diese nah der Naht ab.

DER KLASSIKER

Diese klassische Tragetasche hat eine Reißverschlussöffnung, Ringe an den Henkeln und ein Außenfach. Suchen Sie für dieses Fach einen auffälligen Stoff aus, der sich vom schlichten Taschenstoff effektvoll abhebt. Wählen Sie Henkel mit Ringen – online finden Sie eine große Auswahl an Lederhenkeln. Als Alternative können Sie auch Ihre eigenen Stoffhenkel herstellen (siehe Seite 15), indem Sie passenden Stoff auswählen und diesen mit separaten O-Ringen an der Tasche befestigen (falten Sie den Stoff um den Ring und nähen Sie ihn fest).

Material

- mittelschwerer bis schwerer Baumwoll- oder Segeltuchstoff für die Tasche: ca. 60 cm (Breite) × 100 cm (Länge)
- Baumwollstoff für das Futter: ca. 60 cm (Breite) × 100 cm (Länge)
- Baumwollstoff für die Riemen: ca. 30 cm (Breite) × 100 cm (Länge)
- Stoff für das Außenfach: ca. 30 cm (Breite) × 70 cm (Länge)
- Einlage: ca. 60 cm (Breite) × 100 cm (Länge)
- Henkel mit bereits befestigten O-Ringen (gekauft oder selbst gemacht)
- Reißverschluss: 40 cm (Länge)
- Pappkarton oder festes Plastik: 8 cm × 31 cm

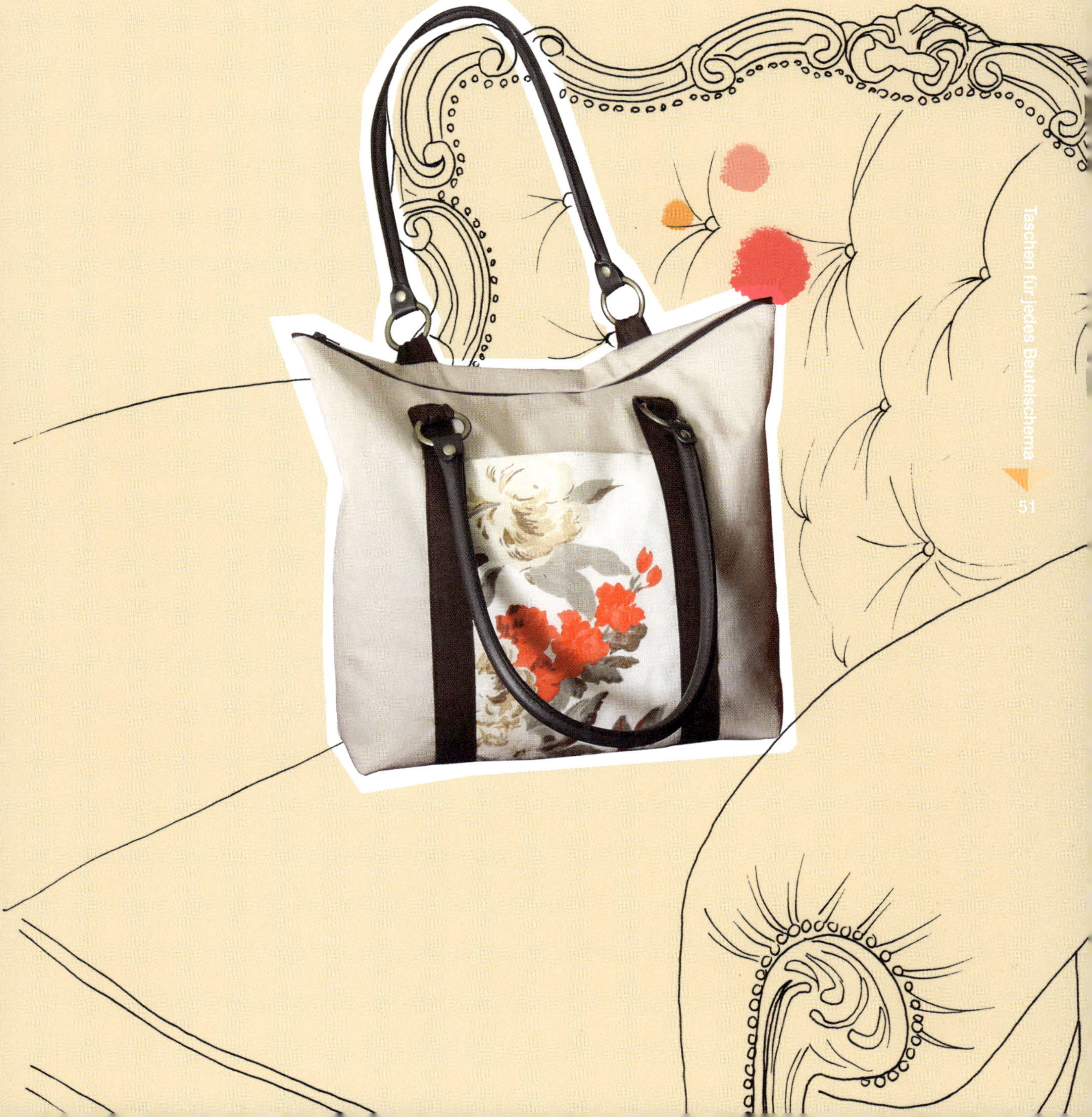

DER KLASSIKER

FERTIGMASS

- 39 cm (Breite) × 32 cm (Länge)

SCHNITTSTÜCKE

- 1 Taschenstück:
  42 cm (Breite) × 76 cm (Länge
- 1 Futterstück:
  42 cm (Breite) × 76 cm (Länge)
- 1 Stück Einlage:
  42 cm (Breite) × 76 cm (Länge)
- 1 Stück für das Außenfach:
  20 cm (Breite) × 56 cm (Länge)
- 2 Riemenstücke:
  7 cm (Breite) × 76 cm (Länge)

NÄHEN

Außenfach

Falten Sie das Stück in der Mitte rechts auf rechts zusammen, sodass es 20 cm breit und 28 cm lang ist. Nähen Sie entlang der kurzen Schnittkante. Drehen Sie es auf rechts und bügeln Sie es glatt.

Riemen

1 Falten Sie jedes Riemenstück der Länge nach rechts auf rechts und steppen Sie es 5 mm von der Schnittkante entfernt ab.

2 Bügeln Sie die Naht auf und drehen Sie die Riemen auf rechts. (Eine Sicherheitsnadel an einem Ende des Riemens hilft Ihnen, den Stoff leichter zu führen.)

3 Bügeln Sie mit der Naht in der Mitte über den Riemen.

Tasche

1 Heften Sie das Futterstück auf die Rückseite des Taschenstücks.

2 Falten Sie das Taschenstück in der Mitte zusammen, mit der Vorderseite nach außen, sodass es 42 cm breit und 38 cm lang ist. Legen Sie die genähte Kante des Außenfachs an die Unterkante der Tasche, sodass es im Abstand von 11 cm zu den Seiten liegt. Stecken Sie es nur an der oberen Stofflage von Tasche und Futter fest.

3 Falten Sie das Taschenstück mit der Vorderseite nach oben auseinander. Legen Sie die Riemen über die Seitenkanten des Außenfachs, sodass die Schnittkanten verdeckt sind, und stecken Sie alles fest. Nähen Sie entlang der Ränder beider Riemen; enden Sie jeweils 5 cm vor der oberen und unteren Kante des Taschenstücks. Auf dieser Höhe nähen Sie einmal quer über den Riemen.

3

4 Legen Sie die O-Ringe der Henkel über die Enden der Riemen, schlagen Sie die Riemen einmal unter die Ringe und nähen Sie die Ringe durch alle Lagen fest.

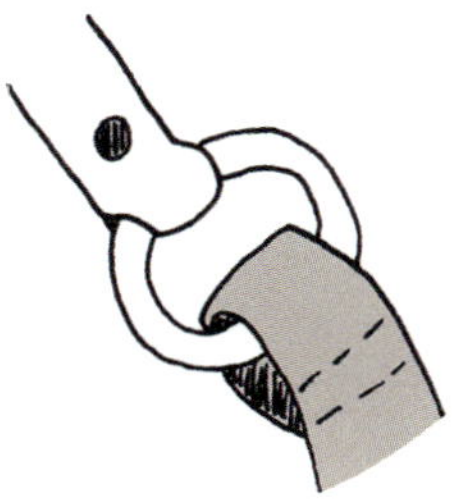

4

5 Falten Sie das Taschenstück in der Mitte, rechts auf rechts, zusammen und nähen Sie entlang der Seiten.

6 Für die Taschenecken folgen Sie der Anleitung auf Seite 14, messen Sie hierfür 4 cm von der Spitze aus ab.

Futter

1 Falten Sie das Futterstück in der Mitte rechts auf rechts zusammen. Nähen Sie entlang der Seite.

2 Nähen Sie die Ecken in das Futter, siehe Schritt 6 (Tasche).

Zusammenfügen

1 Die Tasche auf rechts drehen. Geben Sie das Stück Pappkarton oder Plastik auf den Taschenboden. Stecken Sie dann das Futter (noch auf links) in die Tasche. Stecken Sie die Schnittkanten zusammen.

2 Nähen Sie mit Zickzack- oder Overlockstich entlang der oberen Kante.

3 Stülpen Sie die Tasche um, sodass das Futter außen ist.

4 Legen Sie den Reißverschluss so an, dass er mit den Seitenrändern Ihrer Tasche abschließt (kürzen Sie ihn ggf.). Stecken Sie ein Ende des Reißverschlusses an der oberen Taschenkante (rechts auf rechts) fest und nähen Sie 1 cm vom Rand entfernt.

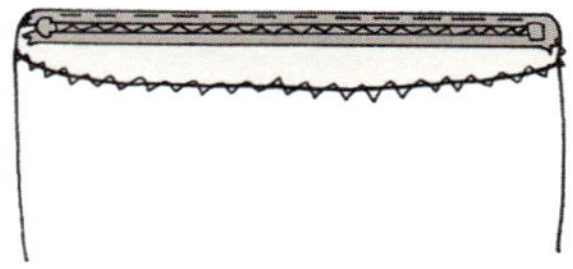

4

5 Öffnen Sie den Reißverschluss. Stecken und nähen Sie nun die andere Seite auf der anderen Taschenseite fest.

6 Drehen Sie die Tasche wieder auf rechts. Steppen Sie 5 mm von der Naht entfernt an beiden Reißverschlussseiten entlang.

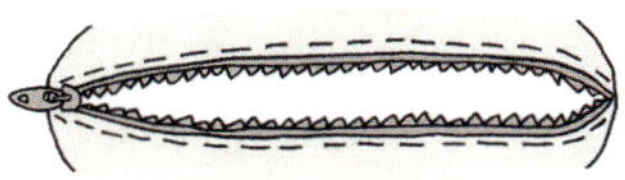

6

LAST-MINUTE-TASCHE

Sie brauchen eine schnelle und einfache Tasche, passend zu einem bestimmten Outfit? Seit Monaten liegen Stoffreste bei Ihnen herum und Sie suchen das ideale Nähprojekt, um diese noch zu verwenden? Diese Tasche ist wie gemacht für das Mädchen auf dem Sprung, das ein Gespür für Stil, aber wenig Zeit hat – oder das Mädchen, das sich ein wenig vor komplizierten Näharbeiten scheut. Diese Tasche ist einfach zu nähen, hübsch und im Handumdrehen gemacht – und den Kombinationsmöglichkeiten von Stoffen und Henkeln sind keine Grenzen gesetzt. Holen Sie Ihre Nähmaschine aus dem Schrank und zaubern Sie eine einzigartige Last-Minute-Tasche.

Wählen Sie schwereren Stoff für eine stabilere Tasche oder leichten Stoff für eine Tasche, die Sie zusammenfalten und für spontane Einkäufe in Ihrer Handtasche verstauen können.

Material

- Baumwollstoff oder ein anderer Stoff Ihrer Wahl: ca. 115 cm (Breite) × 70 cm (Länge)
- Baumwollgurt oder -band für Riemen: 120 cm (Länge)

LAST-MINUTE-TASCHE

FERTIGMASS

- 35 cm (Breite) × 40,5 cm (Höhe)

SCHNITTSTÜCKE

- 2 Taschenstücke:
  38 cm (Breite) × 47 cm (Höhe)
- 2 Gurtriemen: 60 cm (Länge)

NÄHEN

Tasche

1

1 Legen Sie beide Taschenstücke mit der Vorderseite nach oben hin. Legen Sie die Riemen mit jeweils 6,5 cm Abstand zu den Seiten an den oberen Rand, an die Schnittkanten, an, sodass die Henkel nach unten zum Taschenboden zeigen. Achten Sie darauf, dass die Henkel nicht verdreht sind.

2 Nähen Sie die Enden der Riemen fest. Nähen Sie hierfür nah am oberen Stoffrand des Taschenstoffs entlang.

3 Schlagen Sie den oberen Rand jedes Taschenstücks 1,5 cm um auf die Rückseite, bügeln Sie ihn und schlagen Sie weitere 2,5 cm um. Erneut bügeln. Stecken Sie dann alles fest, sodass die Henkel zur späteren Taschenöffnung zeigen.

4 Nähen Sie im Abstand von 5 mm von der Faltkante des Saums, um den Saum und die Henkel zu fixieren. Steppen Sie anschließend noch einmal im Abstand von 5 mm vom oberen Rand des Taschenstücks entlang.

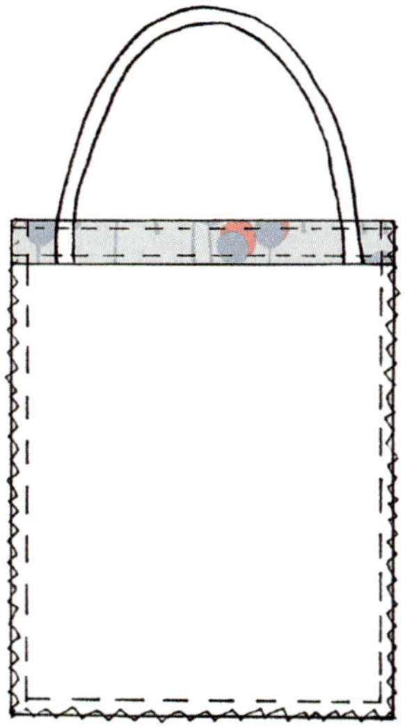

6

5 Stecken Sie die zwei Taschenstücke rechts auf rechts zusammen. Steppen Sie im Abstand von 1,5 cm von den Seitenkanten und der unteren Kante entlang.

6 Versäubern Sie diese drei Schnittkanten mit Zickzack- oder Overlockstich.

7 Drehen Sie die Tasche auf rechts und bügeln Sie sie glatt.

JUMBO-STRANDTASCHE

Wasserbeständig und extragroß, damit Sie Handtücher, Badezeug und Sonnencreme mitnehmen können: Die Strandtasche ist die ideale, unkomplizierte Tasche für herrlich warme Sommertage. Ein echter Blickfang aus buntem mexikanischem Wachstuch, mit dem Sie während Ihres Strandtags garantiert auffallen.

Das Schöne an Wachstuch ist, dass es so pflegeleicht ist – Schmutz wird einfach abgewischt. Außerdem franst es nicht aus, also brauchen Sie weder Saum noch Futter. (Bevor Sie das Wachstuch schneiden oder nähen, beachten Sie die entsprechenden Tipps auf Seite 11.)

Ich habe die Ränder dieser Tasche und der Trageriemen mit der Zackenschere bearbeitet, aber wenn Sie möchten, können Sie die Ränder auch umschlagen und säumen, sie mit Schrägband einfassen oder ganz einfach so lassen, wie sie sind.

Material

- Wachstuch: ca. 120 cm (Breite) × 100 cm (Länge)
- Zackenschere (wenn Sie gezackte Ränder haben möchten)
- Klebeband (statt Stecknadeln)

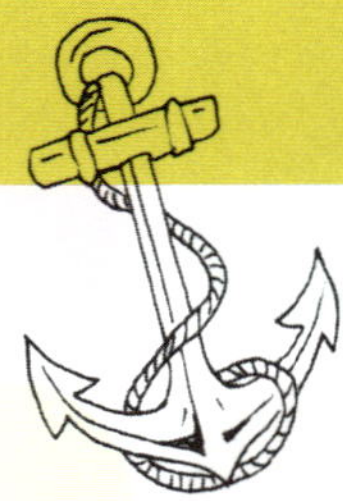

JUMBO-STRAND-TASCHE

FERTIGMASS

49 cm (Breite) × 42 cm (Höhe)

SCHNITTSTÜCKE

2 Taschenstücke:
52 cm (Breite) × 53 cm (Länge)

4 Riemenstücke:
4 cm (Breite) × 66 cm (Länge)

NÄHEN

Tasche

1 Kürzen Sie die oberen Ränder beider Taschenstücke mit der Zackenschere, sofern Sie einen gezackten Rand haben möchten.

2 Legen Sie die Taschenstücke rechts auf rechts aufeinander und fixieren Sie diese an jedem Rand mit Klebeband.

3 Nähen Sie im Abstand von 1,5 cm zum Rand entlang beider Seiten und entlang des Bodens.

4 Für die Ecken folgen Sie der Anleitung auf Seite 14, wobei Sie 8 cm von der Spitze aus abmessen.

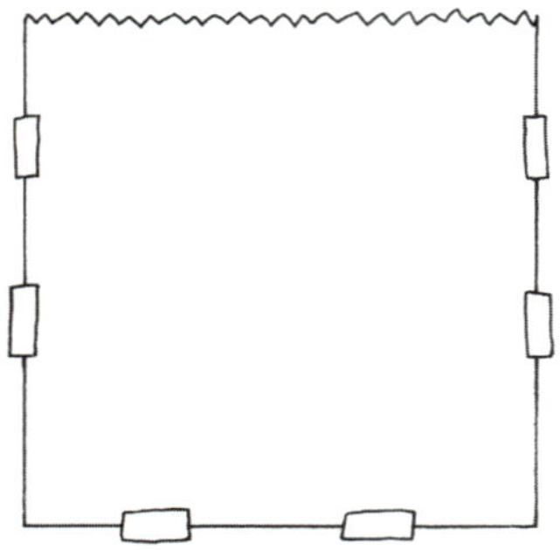

2

Riemen

1 Für einen Trageriemen legen Sie zwei Riemenstücke links auf links aufeinander und fixieren sie über die gesamte Länge mit kurzen Klebebandstreifen.

2 Nähen Sie mit einem Abstand von 1 cm zum Rand entlang beider Seiten.

3 Falls erwünscht, kürzen Sie die Seiten der Riemen mit der Zackenschere.

3

Zusammenfügen

1 Drehen Sie die Tasche auf rechts. Legen Sie die Riemen auf die Außenseite der Tasche, im Abstand von 5 cm zum oberen Rand und 10 cm zu den Seiten, fixieren Sie die Riemen mit Klebeband.

2 Nähen Sie die Riemen an der Tasche fest, indem Sie ein Rechteck mit einem „X“ quer über die Breite des Riemens zur Verstärkung der Naht nähen (siehe Seite 15).

ZWEIFARBIGE TASCHE

Zwei Stoffe werden kombiniert und ergeben eine stylishe und äußerst praktische Tasche. Wählen Sie kontrastreiche oder sich ergänzende Stoffe, gemusterte oder einfarbige, und kreieren Sie so Ihr persönliches Unikat im zweifarbigen Look.

Diese Tasche ist breit gehalten und gefüttert, ohne Verschluss, aber auf Wunsch können Sie Fächer und einen Reißverschluss oder Magnetknopf hinzufügen (siehe Anleitung auf Seite 15).

Material

- Baumwollstoff für den oberen Streifen der Tasche: ca. 115 cm (Breite) × 40 cm (Länge)
- Baumwollstoff für den unteren Streifen der Tasche und Boden: ca. 115 cm (Breite) × 40 cm (Länge)
- Baumwollstoff für das Futter: ca. 115 cm (Breite) × 70 cm (Länge)
- Baumwollstoff für die Riemen: ca. 115 cm (Breite) x 40 cm (Länge)
- Einlage: ca. 115 cm (Breite) × 70 cm (Länge). Wenn Ihr Stoff leicht ist, wählen Sie eine dickere Einlage; bei schwererem Stoff sollten Sie eine leichtere Einlage verwenden.
- Schnittmuster für zweifarbige Tasche: Eckstück oberer Streifen; Eckstück unterer Streifen; Eckstück Futter, Taschenboden

ZWEI-FARBIGE TASCHE

FERTIGMASS:

52 cm (Breite) × 34 cm (Höhe)

SCHNITTSTÜCKE

* Lesen Sie die Anleitung auf Seite 8 für das Anlegen und Ausschneiden von Eckstücken.

2 obere Streifenstücke:
56 cm (Breite) × 26 cm (Länge)
Legen Sie das Eckschnittmuster für den oberen Streifen an den unteren Rand an.

2 untere Streifenstücke:
51 cm (Breite) × 12 cm (Länge)
Legen Sie das Eckschnittmuster für den unteren Streifen an den unteren Rand an.

2 Futterstücke:
56 cm (Breite) × 37 cm (Länge)
Legen Sie das Eckschnittmuster für das Futter an den unteren Rand an.

2 Einlagenstücke:
56 cm (Breite) × 37 cm (Länge)
Legen Sie das Eckstück für das Futter an den unteren Rand an.

1 Bodenstück: Schneiden Sie dieses am Stoffbruch mithilfe des Bodenschnittmusters aus.

1 Einlagenstück für den Boden: Schneiden Sie dieses am Stoffbruch mithilfe des Bodenschnittmusters aus.

1 Futterstück für den Boden: Schneiden Sie dieses am Stoffbruch mithilfe des Bodenschnittmusters aus.

2 Riemen:
8 cm (Breite) × 62 cm (Länge)

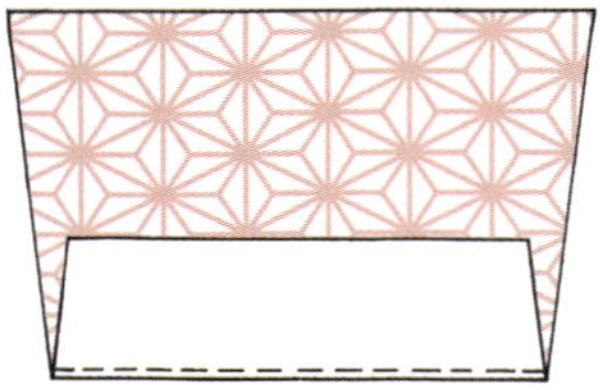

1

NÄHEN

Tasche

1 Legen Sie jeweils den unteren Stoffstreifen rechts auf rechts auf den oberen, sodass der untere Rand des oberen Streifens auf dem oberen Rand des unteren Streifens liegt. Alles zusammenstrecken und festnähen. Bügeln Sie die Naht auf.

2 Legen Sie die Taschenstücke rechts auf rechts zusammen. Legen Sie diese nun zwischen die zwei Einlagenstücke. Stecken Sie alle Lagen zusammen und steppen Sie entlang beider Seiten.

3 Nähen Sie mit einer Stütznaht das Einlagenstück für den Boden auf die linke Seite des Stoffstücks für den Boden, im Abstand von 5 mm zum Rand. Stecken Sie dieses Stück an der unteren Schnittkante der Tasche fest – die runden Kanten erschweren diesen Schritt ein wenig, deshalb sollten Sie vor dem Feststecken die Mitte jeder Rundung und Seite genau an die Tasche anlegen.

4 Steppen Sie die Kante des gesamten Bodens im Abstand von 5 mm vom Rand ab.

4

Futter

1 Stecken Sie die Futterstücke rechts auf rechts zusammen. Nähen Sie entlang der Seiten und lassen Sie dabei auf einer Seite eine 15 cm breite Öffnung, um später die Tasche auf rechts zu drehen.

2 Legen Sie das Futterstoff für den Boden genau wie in Schritt 3 (Tasche) zurecht und nähen Sie es fest.

Riemen

Um die Riemen zu nähen, folgen Sie der Anleitung auf Seite 15.

Zusammenfügen

1 Drehen Sie das Futter auf rechts. Legen Sie die Riemen im Abstand von 13 cm zu den Rändern auf beide Seiten des Futters auf, sodass die Schnittkanten aufeinanderliegen, und achten Sie darauf, dass die Riemen nach unten zum Taschenboden zeigen. Nähen Sie die Riemen 5 mm von den Schnittkanten entfernt fest.

2 Drehen Sie das Futter um. Stecken Sie die Tasche (auf rechts) in das Futter. Achten Sie darauf, dass die Henkel noch nach unten zum Taschenboden zeigen.

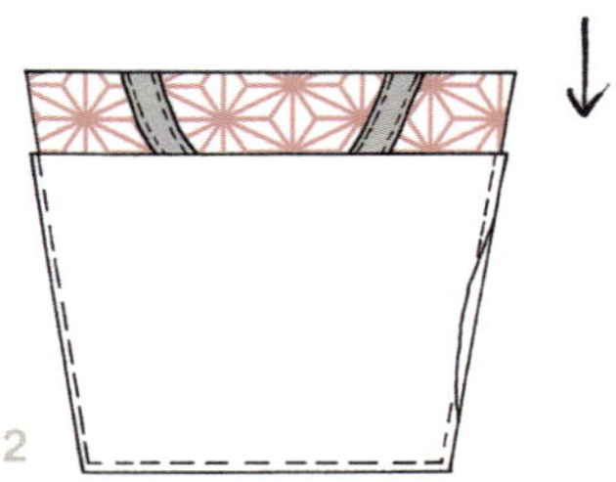

2

3 Stecken Sie die oberen Schnittkanten von Tasche und Futter zusammen. Nähen Sie entlang der oberen Kante.

4 Ziehen Sie die Tasche durch die Öffnung im Futter, nähen Sie diese anschließend zu und drücken Sie das Futter in die Tasche hinein.

5 Bügeln Sie über die obere Taschenkante und steppen Sie nah an der Naht ab.

WEINFLASCHEN-TASCHE

Mit dieser wiederverwendbaren, wasserdichten Flaschentasche gehört die öde braune Papiertüte, in der Sie sonst Ihre Flasche Wein transportiert haben, der Vergangenheit an.

Ich habe mich bei dieser Tasche für Wachstuch entschieden, weil es wasserdicht und stabil ist. Allerdings kann es sein, dass es Ihnen schwerfällt, mit diesem Material zu arbeiten, da es sehr starr und rutschig ist. Sie können genauso gut auf einen schweren Stoff wie Polsterbezug oder Segeltuch zurückgreifen. (Sollten Sie mit Wachstuch arbeiten, beachten Sie die entsprechenden Hinweise auf Seite 11, bevor Sie mit dem Nähen beginnen.)

Material

- Wachstuch oder schwerer Stoff: ca. 60 cm (Breite) × 50 cm (Länge)

- 2,5 cm Band oder Gurt für die Henkel und die Borte: 125 cm (Länge)
- Bodenschnittmuster Weinflaschen-Tasche

WEIN-FLASCHEN-TASCHE

FERTIGMASS

31 cm (Breite) × 27 cm (Höhe)

SCHNITTSTÜCKE

- 1 Taschenstück: 28,5 cm (Breite) × 35 cm (Länge)
- 1 Bodenstück: ausgeschnitten mithilfe des Bodenschnittmusters Weinflaschen-Tasche
- 2 Streifen Bortenband: 28,5 cm (Länge)
- 2 Streifen für die Henkel: 33 cm (Länge)

NÄHEN

1 Legen Sie die Henkel mit der Rückseite nach unten auf die linke Stoffseite des Taschenstücks, sodass die Henkel nach unten zum Taschenboden zeigen. Sie sollten zu den Seiten und zum Boden je einen Abstand von 2,5 cm haben. Überprüfen Sie, dass der Abstand zwischen den Henkeln je 4,5 cm beträgt. Wenn Sie Wachstuch verwenden, befestigen Sie die Henkel mit Klebeband.

2 Schlagen Sie den oberen Rand des Taschenstücks 2,5 cm nach links um und bügeln Sie über den Rand. Klappen Sie die Henkel nach oben und sichern Sie diese mit Klebeband. Nähen Sie den Saum im Abstand von 5 mm von der Schnittkante fest.

3 Platzieren Sie ein Bortenband auf der Vorderseite des Taschenstücks entlang des oberen Rands. Fixieren Sie es mit Klebeband und nähen Sie es möglichst nah an den Seitenrändern der Borte fest.

4 Messen Sie 1 cm vom unteren Rand des Taschenstücks ab und nähen Sie das zweite Band genauso, wie in Schritt 3 beschrieben, an.

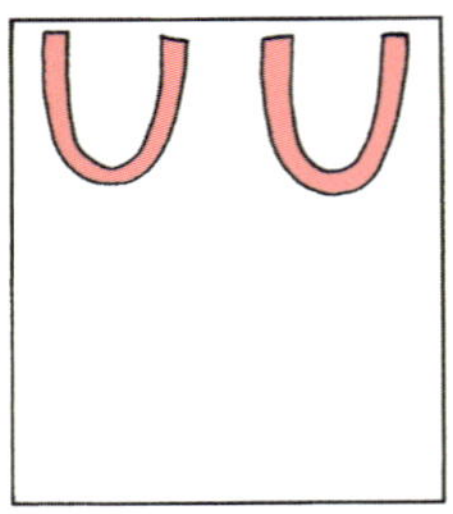

1

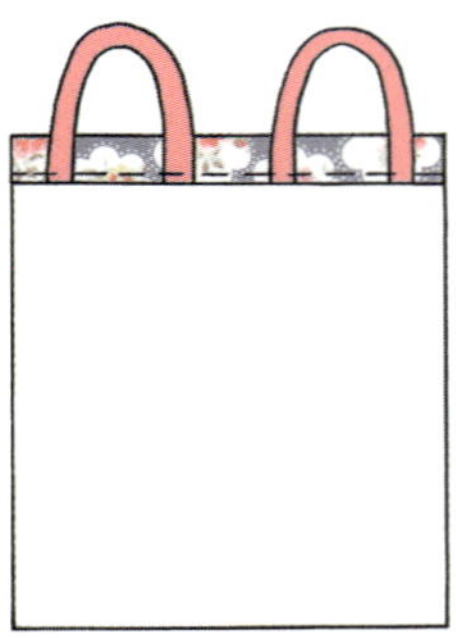

2

4

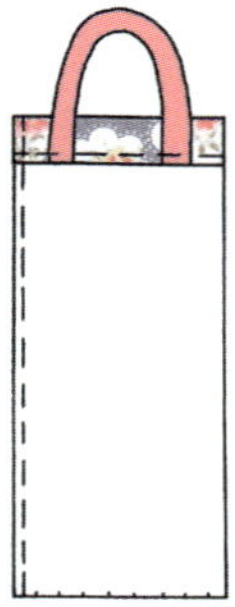

5

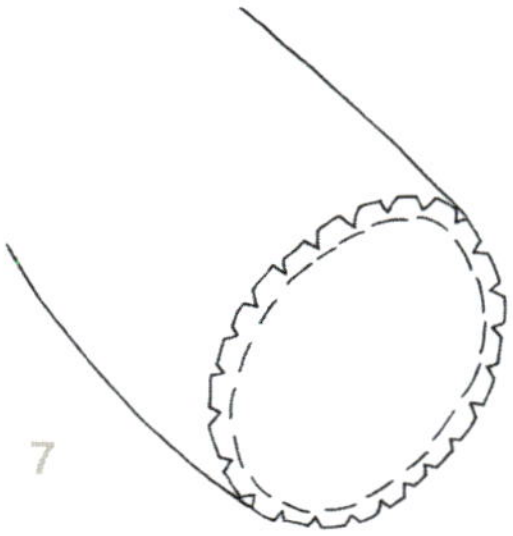

7

5 Falten Sie das Stück der Länge nach in der Mitte rechts auf rechts zusammen. Nähen Sie es an der längeren Seite zusammen, verwenden Sie eine Stichlänge von 1,5 cm.

6 Schneiden Sie den Rand des Bodenteils etwas ein, damit das Nähen leichter fällt – achten Sie darauf, dass Sie nicht durch die Naht schneiden.

7 Legen Sie das Bodenteil unten an der Tasche an, sodass die linke Stoffseite nach außen zeigt und die Stofflaschen am Rand des Bodens ebenfalls außen sind. Fixieren Sie es mit Klebeband. Nähen Sie den Boden an – dieser Schritt ist etwas knifflig, also nehmen Sie sich Zeit und drehen Sie den Stoff vorsichtig während des Nähens.

8 Drehen Sie die Tasche auf rechts. Auch dieser Schritt ist nicht leicht, denn Wachstuch ist recht starr. Deshalb drücken Sie erst den Boden und anschließend nach und nach den Rest durch die Öffnung.

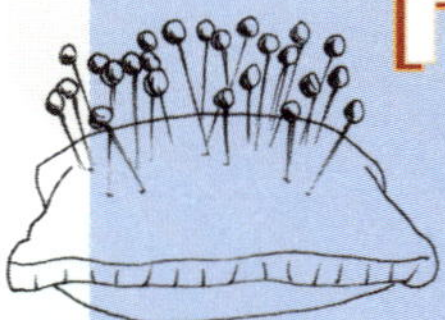

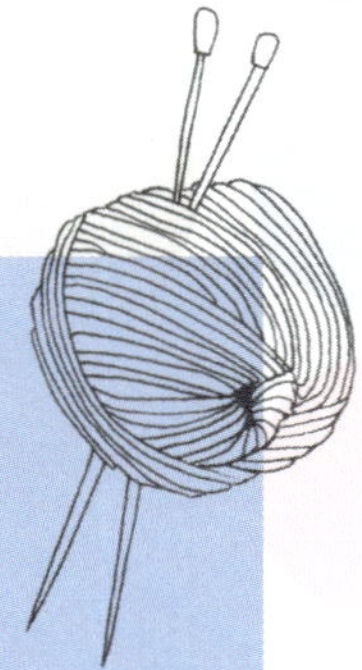

HANDARBEITS-TASCHE

Mit viel Platz für Ihre Handarbeitsutensilien, aber auch für alle anderen Dinge, die Sie mit sich herumtragen, ist dies die ideale Tasche für alle Hobbybastler. Jedes der Fächer (drei außen und zwei große innen) wurde für bestimmte Dinge entworfen: Stricknadeln, Schnittmuster, Bücher und Werkzeuge wie Scheren und Nadeln. Die Handarbeitstasche ist extrabreit und stabil und kann außerdem zum Verstauen Ihrer aktuellen Arbeiten dienen.

Als Alternative zu den annähbaren Lederhenkeln können Sie Gurtband benutzen oder Ihre eigenen Henkel aus passendem Stoff herstellen (siehe Anleitung auf Seite 15).

Material

- mittelschwerer bis schwerer Baumwollstoff für die Tasche, Seitenteile und den Boden: ca. 115 cm (Breite) × 150 cm (Länge)
- Baumwollstoff für das Futter: ca. 115 cm (Breite) × 150 cm (Länge)
- Baumwollstoff für das obere Außenfach: ca. 50 cm (Länge) × 70 cm (Breite)
- Baumwollstoff für das untere Außenfach: ca. 50 cm (Breite) × 50 cm (Länge)
- Baumwollstoff für das Stricknadelfach außen: ca. 20 cm (Breite) × 115 cm (Länge)
- schwere Bügeleinlage: ca. 115 cm (Breite) × 150 cm (Länge)
- Lederhenkel zum Annähen

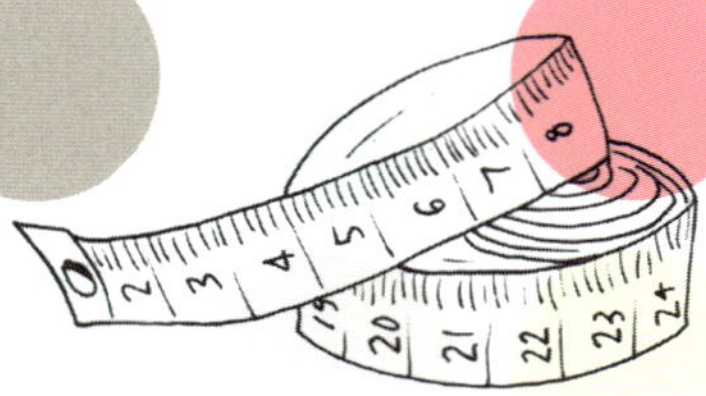

HAND-ARBEITS-TASCHE

FERTIGMASS

- 39 cm (Breite) × 32 cm (Höhe)

SCHNITTSTÜCKE

- 2 Taschenstücke:
  42 cm (Breite) × 37 cm (Länge)
- 2 Seitenteile:
  15 cm (Breite) × 37 cm (Länge)
- 1 Bodenteil:
  15 cm (Breite) × 42 cm (Länge)
- 2 Futterstücke für die Tasche:
  42 cm (Breite) × 37 cm (Länge)
- 1 Futterstück für den Boden:
  15 cm (Breite) × 54 cm (Länge)
- 1 Futterstück für das Innenfach:
  42 cm (Breite) × 54 cm (Länge)
- 1 Stück für das große Außenfach:
  30 cm (Breite) × 52 cm (Länge)
- 1 Stück für das kleine Außenfach:
  30 cm (Breite) × 28 cm (Länge)
- 1 Stück für das Stricknadelfach außen:
  15 cm (Breite) × 52 cm (Länge)
- 2 Einlagen für die Tasche:
  42 cm (Breite) × 37 cm (Länge)
- 2 Einlagen für die Seitenteile:
  15 cm (Breite) × 37 cm (Länge)
- 1 Einlage für den Bodenteil:
  15 cm (Breite) × 42 cm (Länge)

NÄHEN

Einlage

- Die Einlage auf die Taschenstücke, Seitenteile und das Bodenteil aufbügeln.

Fächer

1 Falten Sie die Stücke für die Außenfächer jeweils quer in der Mitte zusammen, mit der rechten Seite nach außen, und bügeln Sie diese.

2 Legen Sie das Stück für das kleine Fach über das andere, größere Stück, sodass die unteren Schnittkanten auf einer Linie liegen. Stecken Sie beide Stücke aneinander fest.

3 Legen Sie das Stück für das Stricknadelfach oben an beide Außenfächer (rechts auf rechts), die Sie eben zusammengesteckt haben, sodass die oberen und die rechten Kanten bündig abschließen. Feststecken und entlang der rechten Seitenränder festnähen. Bügeln Sie die Naht auf.

3

4 Stecken Sie die Fächer auf einem Taschenstück fest, jeweils mit der rechten Stoffseite nach außen, sodass die unteren Ränder bündig abschließen.

5 Nähen Sie entlang der Naht zwischen dem breiteren Außenfach und dem Stricknadelfach.

5

Tasche

1 Legen Sie das Taschenstück mit Fächern mit der rechten Seite nach oben und dann die Seitenteile mit der rechten Seite nach unten auf das Taschenstück, sodass die Ränder bündig abschließen. Feststecken und entlang der Seitenränder steppen.

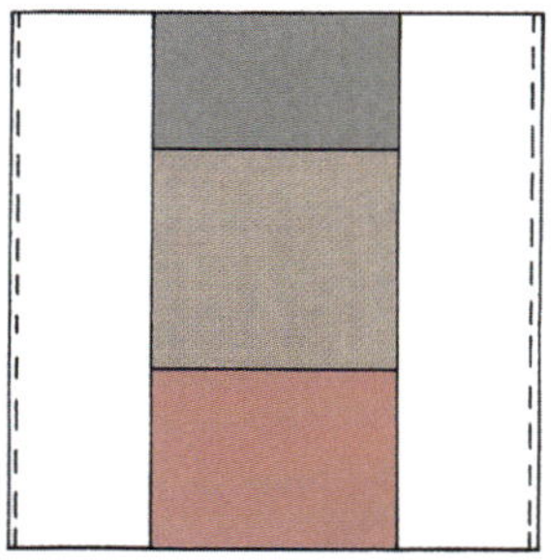

1

2 Nehmen Sie das andere Taschenstück und legen Sie es rechts auf rechts an die seitlichen Schnittkanten der Seitenteile an und nähen Sie auch diese fest.

3 Legen Sie das Bodenteil rechts auf rechts an die unteren Ränder des Taschenstücks sowie der Seitenteile und nähen Sie diese zusammen. Drehen Sie alles auf rechts.

Futter

1 Falten Sie das Stück für das Innenfach in der Mitte nach links auf links zusammen, sodass es 42 cm breit und 27 cm lang ist. Steppen Sie entlang der Faltkante möglichst nah am Rand.

2 Legen Sie das Innenfach auf eines der Futterstücke, sodass die seitlichen und unteren Ränder aufeinanderliegen. Die jeweils rechte Seite beider Stücke zeigt nach oben. Nähen Sie an den Seiten entlang.

3 Messen Sie 21 cm vom Rand des Stücks ab, ziehen Sie dort eine vertikale Linie und nähen Sie entlang dieser das Stück am Futter fest, um so das Fach zu teilen.

4 Fügen Sie das Futter zusammen, indem Sie der Anleitung für das Zusammenfügen der Taschenstücke folgen, aber lassen Sie in einer Seitennaht im Futter eine ca. 20 cm breite Öffnung, um später alles auf rechts zu drehen.

Zusammenfügen

1 Stecken Sie die Tasche (auf rechts gedreht) in das Futter (auf links).

2 Stecken Sie die oberen Schnittkanten von Tasche und Futter zusammen. Nähen Sie entlang des gesamten oberen Rands.

3 Ziehen Sie die Tasche durch die Öffnung im Futter. (Nähen Sie die Öffnung noch nicht zu.)

4 Bügeln Sie über die obere Taschenkante und steppen Sie nah an der Naht entlang.

5 Platzieren Sie die Henkel auf Ihrer Tasche. Greifen Sie durch die Öffnung im Futter und nähen Sie sie fest. (Nähen Sie dabei nicht durch das Futter.)

6 Sind die Henkel festgenäht, können Sie die Öffnung im Futter zunähen.

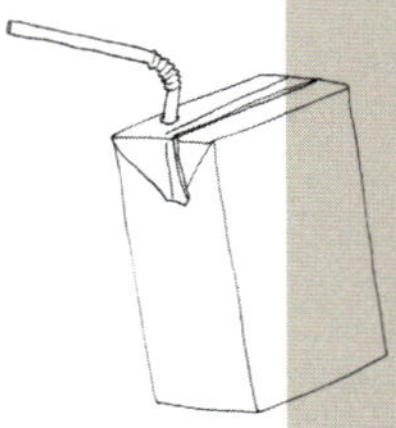

LENKERTASCHE

Packen Sie Ihren Lunch in diese herrlich bunte Tasche und befestigen Sie diese mit Klettband an dem Lenker Ihres Fahrrads. Stecken Sie die Henkel in die Tasche, solange sie an Ihrem Lenker hängt; ziehen Sie sie heraus, wenn Sie Ihr Ziel erreicht haben, und tragen Sie die Tasche wie eine herkömmliche Lunchtüte.

Da sie aus mexikanischem Wachstuch hergestellt ist, ist diese kompakte Lunchtüte nicht nur schön, sondern auch sehr praktisch. (Lesen Sie die Tipps zum Verarbeiten von Wachstuch auf Seite 11, bevor Sie beginnen.)

Wenn Sie kein Radfan sind, lassen Sie die Klettbänder auf der Rückseite weg und benutzen Sie die Tasche einfach so für Ihren Lunch.

Material

- mexikanisches Wachstuch: ca. 120 cm (Breite) × 50 cm (Länge)
- Klettband für Riemen: ca. 40 cm (Länge)
- 2,5 cm breites Gurtband für Riemen und Henkel: ca. 2 cm (Länge)
- Ledernadel
- Zackenschere (wenn Sie gezackte Ränder haben möchten)

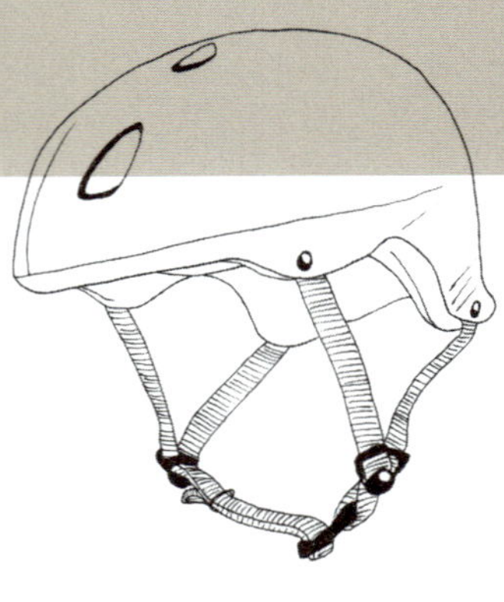

LENKER-TASCHE

FERTIGMASS

- 23 cm (Breite) × 32 cm (Höhe)

SCHNITTSTÜCKE

- 2 Taschenstücke: 33 cm (Breite) × 37 cm (Länge). Obere Ränder mit Zackenschere abschneiden, wenn erwünscht.
- 3 Streifen Klettband (beide Seiten: Haken- und Ösenseite): 13 cm (Länge)
- 3 Gurtriemen: 26 cm (Länge). Versiegeln Sie die Schnittenden mit Fransenstopp bzw. farblosem Nagellack oder versäubern Sie die Kanten per Zickzack- oder Overlockstich.
- 2 Henkel aus Gurtband: 60 cm (Länge). (Schnittenden ebenfalls wie oben angegeben versiegeln.)

NÄHEN

Riemen

1

1. Nehmen Sie zwei der 26 cm langen Gurtriemen und nähen Sie auf der Unterseite jeweils ein 13 cm langes Klettband (Hakenseite) an das untere Ende des Riemens möglichst nah an den Rändern an. Nähen Sie anschließend das entsprechende Gegenstück (Ösenseite) des Klettbands an das obere Ende des Riemens an.
2. Messen Sie auf der rechten Seite des hinteren Taschenstücks (die obere Hälfte dieses Teils wird schließlich auf die Vorderseite der Tasche umgeklappt) 6 cm von unten und 7 cm von den Seiten ab und platzieren Sie an dieser Stelle die Gurtriemen. Fixieren Sie diese mit etwas Klebeband und nähen Sie dann nur die untere Hälfte jedes Riemens auf das Taschenstück.
3. Messen Sie 16,5 cm von den Seiten der Tasche ab und nähen Sie den letzten Streifen (13 cm) Hakenklettband zwischen die beiden anderen Streifen.

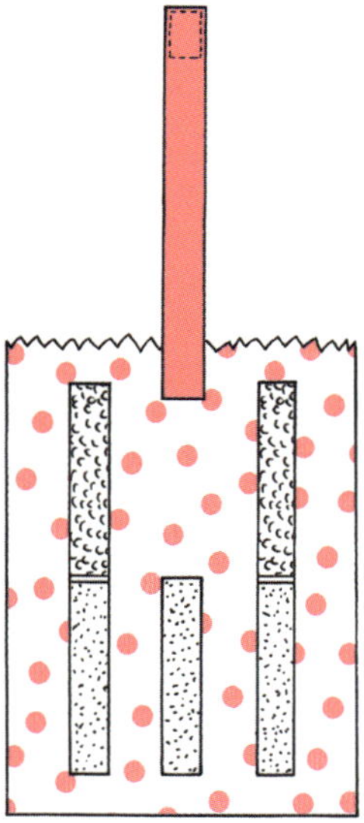

4

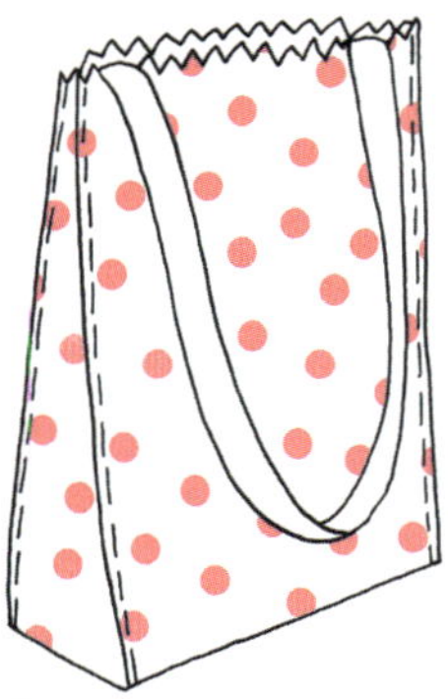

3

4 Kürzen Sie die letzten 13 cm Ösen-Klettband auf 5 cm und nähen Sie dieses an das untere Ende des letzten 26 cm langen Gurtriemens an. Messen Sie 16,5 cm vom Rand zur Mitte der Tasche und vom oberen Rand 3 cm nach unten ab, markieren Sie die Stelle. Nähen Sie dort das obere Ende des Gurtriemens fest – dieser wird später umgeschlagen und passt dann auf die Hakenseite des Klebebands auf der Rückseite der Tasche.

Henkel

Legen Sie die Taschenstücke mit der linken Seite nach oben hin und platzieren Sie die Henkel im Abstand von 7 cm von den Seiten und 2 cm vom oberen Rand. Nähen Sie sie fest.

Tasche

1 Legen Sie die Taschenstücke rechts auf rechts und steppen Sie entlang der Seiten und der unteren Kante.

2 Für die Ecken folgen Sie der Anleitung auf Seite 14, messen Sie 4 cm von der Spitze aus ab.

3 Drehen Sie die Tasche auf rechts und steppen Sie entlang der vier Seitenkanten.

RECYCELTE KAFFEESACK-TASCHE

Diese Tasche wird aus einem recycelten Kaffeesack hergestellt. Dieser wird jedoch nur für die Vorderseite benutzt. Wenn Sie den Sackstoff auch für die Rückseite verwenden möchten, denken Sie daran, ein weiteres Stück Futter als Verstärkung einzuplanen.

Es fühlt sich gut an, Stoff wiederzuverwenden, der ansonsten im Müll landen würde. Kaffeesäcke aus Sackleinen werden häufig benutzt, um Kaffeebohnen zu transportieren, und sollten normalerweise in Ihrem Lieblingskaffeeladen für wenig Geld zu bekommen sein. Die Säcke sind mit den verschiedensten exotischen Designs bedruckt, und als kleines Extra verströmt das Sackleinen meistens noch eine leichte Kaffeenote.

Material

- Kaffeesack aus Sackleinen (Jute) für die Vorderseite
- leichter bis mittelschwerer Baumwollstoff oder Segeltuch für die Rückseite: ca. 60 cm (Breite) × 70 cm (Länge)
- leichter bis mittelschwerer Baumwollstoff für das Futter und die Innentasche: ca. 115 cm (Breite) × 150 cm (Länge)
- schwere Einlage: ca. 115 cm (Breite) × 70 cm (Länge). Wenn Sie keine schwere Einlage in Ihrem Bastelladen finden, nehmen Sie zwei Lagen mittelschwere Einlage.
- geflochtenes Gurtband für die Henkel und den Trageriemen: 180 cm (Länge) – online meterweise erhältlich

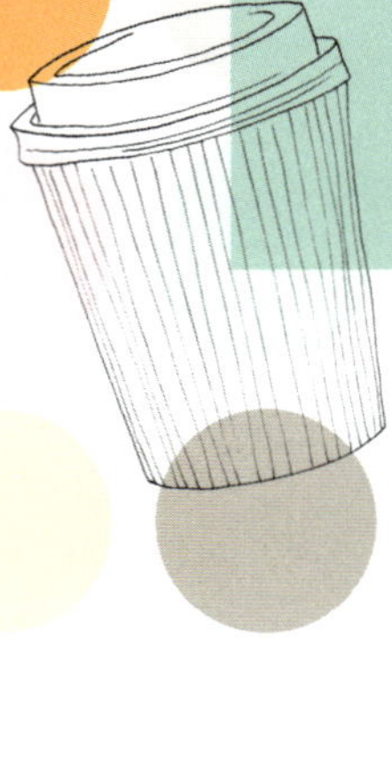

RECYCELTE KAFFEE-SACK-TASCHE

FERTIGMASS

- 45 cm (Breite) × 36 cm (Höhe)

SCHNITTSTÜCKE

- 1 Taschenstück für die Vorderseite: 44 cm (Breite) × 49 cm (Länge)
- 1 Taschenstück für die Rückseite: 44 cm (Breite) × 49 cm (Länge)
- 3 Futterstücke (eines zur Verstärkung des Sackleinens): 44 cm (Breite) × 49 cm (Länge)
- 2 Einlagenstücke: 44 cm (Breite) × 49 cm (Länge)
- 1 Stück für die Innentasche: 19 cm × 17,5 cm
- 2 Henkel aus Gurtband: 52 cm (Länge)
- 1 Riemen aus Gurtband: 73 cm (Länge)

NÄHEN

Tasche

1 Legen Sie das Vorderteil rechts auf rechts auf die Rückseite der Tasche. Das zusätzliche Futterstück kommt darauf. Legen Sie wiederum diese drei Lagen zwischen die beiden Einlagenstücke. Stecken Sie alle Lagen zusammen. Nähen Sie entlang beider Seiten und entlang der Unterseite.

2 Für die Ecken folgen Sie der Anleitung aus Seite 14, wobei Sie 6 cm von der Spitze aus abmessen. Drehen Sie die Tasche auf rechts. (Wenn Ihnen der Boden nicht stabil genug erscheint, drehen Sie die Tasche wieder zurück auf links, schneiden Sie ein Stück Bügeleinlage in der Größe des Bodens aus und bügeln Sie diese auf.)

Innentasche

Für das Nähen der Innentasche mit gesäumtem Rand folgen Sie de Anleitung auf Seite 17.

Futter

1 Legen Sie die Innentasche im Abstand von 9 cm vom oberen Rand und 15,5 cm von den Seiten auf die rechte Seite eines der Futterstücke. Nähen Sie nah entlang der Seitenränder und des unteren Rands.

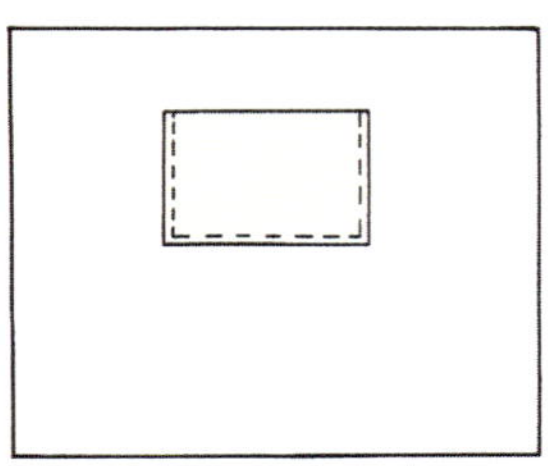

1

2 Stecken Sie die Futterstücke rechts auf rechts zusammen. Nähen Sie entlang beider Seiten und des unteren Rands, lassen Sie dabei eine 15 cm breite Öffnung in der einen Seitennaht, um später die Tasche auf rechts drehen zu können.

3 Nähen Sie die Ecken wie in Schritt 2 (Tasche).

Henkel und Trageriemen

1 Legen Sie die Henkel auf rechts in einem Abstand von 13 cm zu den Seiten auf beide Seiten des Futters auf, sodass die Schnittkanten aufeinanderliegen. Achten Sie darauf, dass die Henkel nach unten zum Taschenboden zeigen. Nähen Sie diese in einem Abstand von 5 mm zu den Schnittkanten fest.

2 Legen Sie den langen Riemen direkt an die Seitenränder des Futterstücks an. Nähen Sie ihn im Abstand von 5 mm zu den Schnittkanten fest.

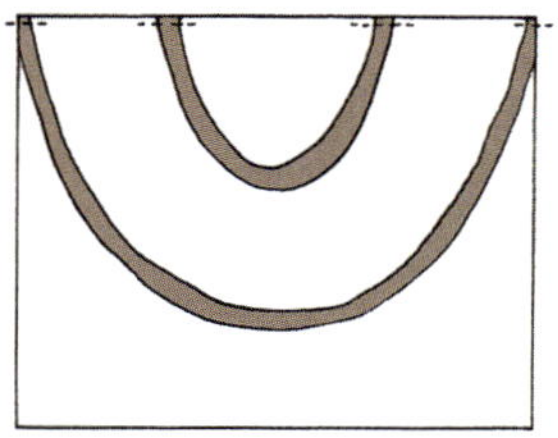

2

Zusammenfügen

1 Drehen Sie das Futter auf links. Die Tasche (auf rechts) in das Futter stecken. Achten Sie darauf, dass die Henkel nach unten zum Taschenboden zeigen.

2 Stecken Sie die oberen Schnittkanten von Tasche und Futter zusammen. Nähen Sie entlang des gesamten oberen Rands.

3 Ziehen Sie die Tasche durch die Öffnung im Futter. Nähen Sie diese anschließend zu und stecken Sie das Futter in die Tasche.

4 Bügeln Sie den oberen Rand der Tasche. Benutzen Sie dazu ein Bügeltuch aus Baumwolle, um das Sackleinen und die Henkel zu schützen.

5 Steppen Sie am oberen Rand entlang (aufgrund der Gurtdicke kann es sein, dass Sie nur bis zum Rand jedes Gurts nähen können, jedoch nicht darüber, da ansonsten die Nadel bricht).

TIPPS

- Sackleinen sollte nicht gewaschen werden, da die Farbe des Aufdrucks dann ausbleicht und das Sackleinen ausfranst (ich habe das selbst erlebt!). Wenn Sie den Sack an der frischen Luft auf einer Wäscheleine auslüften, werden Sie den Kaffeegeruch schnell los.
- Sackleinen ist ein locker gewebter Stoff, es sieht besser aus, wenn zwischen Sackleinen und Futter eine Lage Stoff zur Verstärkung eingefügt wird – so erhält die Tasche auch mehr Stabilität. Schneiden Sie hierfür ein weiteres Stück aus dem Futterstoff aus, sofern dieser beige oder naturfarben ist. Andernfalls verstärken Sie das Futter mit einer Einlage in hellen Tönen.
- Sackleinen franst schnell aus, daher ist Vorsicht angebracht, wenn Sie nah an den Schnittkanten nähen oder schneiden. Die ganzen abgeschnittenen Fasern landen auf Ihnen selbst und auf dem Boden, also tragen Sie nicht Ihr bestes Outfit, wenn Sie mit Sackleinen arbeiten!
- Wenn der Kaffeesack sehr stark zerknittert ist, kann er auf der Rückseite trocken gebügelt werden. Hierbei sollten Sie ein Bügeltuch verwenden, um den Stoff zu schützen.

WENDETASCHE

Diese hübsche kleine Tasche hat vier Besonderheiten, die sie unglaublich anpassungsfähig und individuell gestaltbar machen: Falten, eine abnehmbare Stoffblüte, Henkel zum Anklippen und die Möglichkeit, sie zu wenden.

Die Klipphenkel sind stärker als sie aussehen und können ganz einfach entfernt werden, wenn Sie die Tasche wenden oder sie gegen ein anderes Paar Henkel austauschen möchten. Wenn Sie mögen, können Sie auch Henkel aus Gurtband benutzen – denken Sie aber daran, dass die Henkel von beiden Seiten gut aussehen müssen, wenn Sie die Tasche wenden möchten.

Die Stoffblüte kann an beiden Seiten der Tasche befestigt werden. Wählen Sie hierfür einen farblich ähnlichen oder einen kontrastreichen Stoff. Auch eine Kombination aus beidem ist möglich – eine gute Gelegenheit, um alte Stoffreste aufzubrauchen.

Material

- Baumwollstoff für die Tasche: ca. 115 cm (Breite) × 60 cm (Länge)
- Baumwollstoff für das Futter: ca. 115 cm (Breite) × 60 cm (Länge)
- Baumwollstoff für die Blüte: Schnittreste von Tasche/Futter
- 2 cm breites Schrägband: 1 m (Länge). Verwenden Sie fertiges Schrägband oder stellen Sie Ihr eigenes her (Anleitung siehe Seite 18).
- Henkel zum Anklippen – online erhältlich
- Schnittmuster Wendetasche: Tasche; Blüten

WENDE-TASCHE

FERTIGMASS

- 45 cm (Breite) × 32 cm (Höhe)

SCHNITTSTÜCKE

- 2 Taschenstücke: am Stoffbruch mithilfe des Taschenschnittmusters ausschneiden
- 2 Futterstücke: am Stoffbruch mithilfe des Taschenschnittmusters ausschneiden
- 2 Blütenstücke in jeder Größe: mithilfe der Schnittmuster ausschneiden
- 2 Schrägbandstreifen: 20 cm (Länge)
- 2 Schrägbandstreifen: 28 cm (Länge)

NÄHEN

Stoffblüte

1 Stapeln Sie alle Blütenstücke aufeinander, mit der rechten Seite nach oben, sodass die Blütenblätter nicht direkt aufeinanderliegen. Achten Sie darauf, dass die größeren Stücke unten und die kleineren oben liegen.

2 Nähen Sie diese Stücke mit einem einfachen Vorstich zusammen und ziehen Sie dabei die Lagen zusammen.

3 Befestigen Sie eine Sicherheitsnadel auf der Blütenrückseite oder schneiden Sie einen kleinen Kreis aus Filz aus und nähen Sie diesen auf die Rückseite. Nähen Sie dann eine Broschennadel an den Filz.

4 Wenn Sie möchten, beziehen Sie einen Knopf mit demselben Stoff oder besorgen Sie sich einen hübschen Vintage-Knopf und nähen Sie diesen in die Mitte der Blüte. Sie können auch ein Stoffband oder ein Stück Spitze an der Rückseite befestigen und nach unten hängen lassen, um die Blüte noch individueller zu gestalten.

Tasche

1 Legen Sie auf jedes Taschen- und Futterstück entlang des oberen Rands vier 2 cm breite Falten. Falten Sie auf der linken Seite nach links, auf der rechten Seite nach rechts. Legen Sie den Stoff so in Falten, dass diese ca. 3,5 cm vor den Seitenrändern enden und auch etwa in diesem Abstand zueinander liegen. (Hier geht es nicht um haargenaue Maße. Vor allem müssen Sie dafür sorgen, dass Vorder- und Rückseite zusammenpassen, sobald Sie die Falten platziert haben.) Stecken Sie die Falten fest, bügeln und heften Sie diese anschließend.

2 Stecken Sie die Taschenstücke rechts auf rechts aufeinander. Nähen Sie entlang der unteren, runden Kante. Wiederholen Sie diesen Schritt mit den Futterstücken.

3 Schneiden Sie Aussparungen in die Rundungen der Tasche und des Futters (siehe Seite 14). Drehen Sie die Tasche auf rechts (lassen Sie das Futter dabei auf links gedreht).

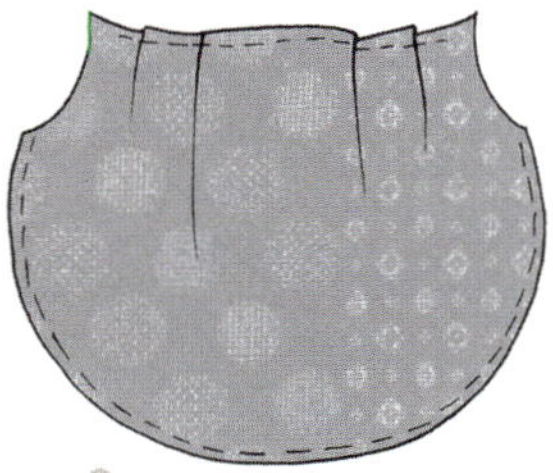

2

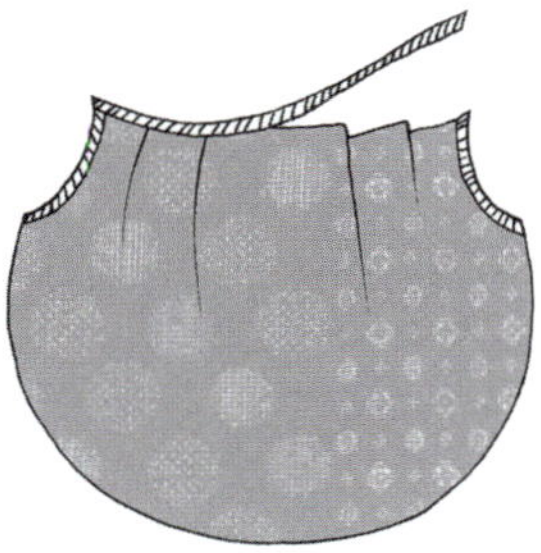

2 Zusammenfügen

Zusammenfügen

1 Stecken Sie das Futter (immer noch auf links) in die Tasche. Legen Sie die oberen Schnittkanten aufeinander, stecken und heften Sie diese fest.

2 Für das Einfassen mit Schrägband folgen Sie der Anleitung auf Seite 19. Befestigen Sie die beiden kürzeren Stücke Band an den Seitenrändern, die beiden längeren an den oberen Rändern der Vorder- und Rückseite der Tasche.

3 Wählen Sie eine Seite für die Außenseite Ihrer Tasche aus (zumindest für den Moment!) und befestigen Sie daran die Henkel und die Stoffblüte.

3 Zusammenfügen

SELBST BEMALTE TASCHEN

Haben Sie eine alte, langweilige Leinentasche, die etwas mehr Pep gebrauchen kann? Dann holen Sie ein paar Farben hervor und fangen Sie mit dem Verschönern an! Sie müssen kein Künstler sein, um eine einzigartige Tasche zu kreieren: Benutzen Sie Haushaltsutensilien als Schablonen, schnitzen Sie einen Kartoffelstempel oder designen Sie ganz einfach selbst mit ein wenig Malerkrepp. Ihrer Fantasie sind keine Grenzen gesetzt.

Diese Taschenideen sind einfach nachzumachen und man braucht nur wenig Material. Stofffarben, Malerkrepp und ein paar Kartoffeln genügen schon für unendlich viele kreative Möglichkeiten.

Material

Auf den nächsten Seiten finden Sie zu jedem Modell eine genaue Materialliste.

- Leinenbeutel
- Stofffärbemittel
- Spülbecken oder Eimer
- Kleiderbügel
- Eieruhr
- Textilfarbe
- Stempel, aus Schwamm oder Kartoffel hergestellt, oder eine runde Schlablone
- Malerkrepp
- Farbpinsel
- Stück Spitze
- Sprühkleber
- Sprühfarbe für Textilien
- große Kartoffel
- kleines, scharfes Messer oder Plätzchenausstecher
- Papierhandtuch
- Skizzenpapier
- Lizenzfreie Clip-Art-Bilder
- Drucker
- Transferpapier zum Aufbügeln
- Bügeleisen
- Baumwoll-Bügeltuch

TASCHEN
für jedes
Beutelschema
EMF

SELBST BEMALTE TASCHEN

DIP-DYE-TASCHE

Dip-Dye ist absolut angesagt – zu Recht! Sie brauchen dazu: Leinentasche, Färbemittel, Eimer, Kleiderbügel.

1 Halten Sie Ihre Tasche unter Wasser und wringen Sie sie anschließend aus.

2 Rühren Sie das Färbemittel in der gewünschten Stärke an.

3 Knoten Sie die Tasche an den Bügel und achten Sie darauf, dass die Henkel zusammengebunden und in Sicherheit sind.

4 Stechen Sie auf jeder Seite der Tasche eine Nadel an die Stelle, wo die Farbe aufhören soll.

5 Tauchen Sie die Tasche bis zu den Nadeln für 1 Minute in das Färbemittel. Ziehen Sie sie anschließend langsam 5 cm weit heraus. Halten Sie die Tasche weitere 5 Minuten. Ziehen Sie die Tasche schrittweise heraus und verlängern Sie die Wartezeit bei jedem Schritt um weitere 5 Minuten. Das Färbemittel wird durch das Gewebe hochsickern. Für einen kräftigeren Farbton lassen Sie den Taschenboden noch etwas länger im Bad. Der Trick ist, die Tasche immer gerade zu halten, damit die Übergänge gleichmäßig werden.

6 Wenn Sie mit dem Dip-Dye-Effekt zufrieden sind, wringen Sie die Tasche entsprechend der Anleitung aus und hängen sie anschließend zum Trocknen auf. Um Abfärben zu vermeiden, waschen Sie die Tasche später am besten mit der Hand.

TUPFENTASCHE

Tupfen sind niemals out und die Variationen endlos. Große Tupfen, kleine Tupfen – wählen Sie Farben oder Stifte in Ihrer Lieblingsfarbe und tupfen Sie los! Tupfen Sie entweder freihändig oder verwenden Sie etwas Kreisförmiges als Schablone, schnitzen Sie sich einen Kartoffelstempel oder tupfen Sie mit einem Schwamm drauflos.

STREIFENTASCHE

Einfacher geht es wirklich nicht. Alles, was Sie für diese Tasche brauchen, sind Malerkrepp und eine Sorte Textilfarbe. Malen Sie einen horizontalen Streifen oder mehrere – oder seien Sie ganz mutig und lassen Sie die Streifen diagonal oder vertikal verlaufen. Für einen Stufeneffekt verkürzen Sie den Abstand zwischen den Streifen immer weiter. Für ein geometrisches Design kleben Sie den Malerkrepp in beliebigen Winkeln zueinander auf. Malen Sie anschließend jede Lücke in einer anderen Farbe aus. Sie brauchen: Leinenbeutel, Malerkrepp, Textilfarbe, Pinsel.

1 Kleben Sie den Malerkrepp entsprechend dem gewünschten Design auf Ihre Tasche – die Ränder des Klebebands müssen gut haften, damit eine scharfe, klare Kante entsteht.

2 Bemalen Sie den Stoff mit einer oder mehreren Farben, je nach Design.

3 Wenn die Farbe trocken ist, ziehen Sie den Malerkrepp vorsichtig ab.

SCHABLONENTASCHE

Entwerfen Sie ein Muster und schneiden Sie es auf Schablonenfolie aus, malen Sie dann Ihr Kunstwerk auf Ihre Tasche. Oder Sie verwenden einfach eine Schablone. Durchforsten Sie z. B. Second-Hand-Läden nach alten Spitzengardinen, Tischdecken oder Zierdeckchen.

So benutzt man eine Spitzenschablone: Spitzen mit größeren Löchern ergeben ein auffälliges Muster, während feine Spitzen subtiler wirken. Sie brauchen: Leinenbeutel, etwas Spitze, Sprühkleber, Textilfarbe zum Sprühen.

1 Schneiden Sie ein Stück Spitze aus. Sprühen Sie eine dünne Schicht Kleber auf die eine Seite. Kleben Sie die Spitze vorsichtig auf die Tasche.

2 Sprühen Sie Farbe auf die Spitze, sodass alle Löcher mit Farbe gefüllt sind.

3 Ziehen Sie die Spitze vorsichtig wieder ab, bevor sie wirklich festklebt, und bewundern Sie Ihr spitzenmäßiges Meisterwerk.

KARTOFFELSTEMPEL-TASCHE

Kartoffeln sind nicht nur lecker, sondern eignen sich hervorragend als Stempel. Sie brauchen: Leinenbeutel, eine relativ große Kartoffel, ein kleines, scharfes Messer oder Plätzchenausstecher, Papierhandtuch, Skizzenpapier, Pinsel.

1 Schneiden Sie die Kartoffel in zwei Hälften und schnitzen Sie die gewünschte Form oder verwenden Sie einen Ausstecher, um Buchstaben oder Formen auszustechen.

2 Drücken Sie den Kartoffelstempel auf ein Papierhandtuch, um die Oberfläche zu trocknen, dann tragen Sie eine dünne Farbschicht auf und drücken den Stempel gleichmäßig auf die Tasche. (Machen Sie zuvor einen Probedruck auf Papier, um ein Gespür für die Farbdichte und den nötigen Druck zu bekommen.

CLIP-ART-BILDER ZUM AUFBÜGELN

Suchen Sie sich einige lizenzfreie Clip-Art-Bilder aus, drucken Sie diese auf Transferpapier zum Aufbügeln und bügeln Sie sie anschließend auf Ihre Tasche. Folgen Sie dabei der Anleitung auf der Packung des Transferpapiers.

SCHLEIFEN-TASCHE

Binden Sie einfach eine andere schöne Schleife um diese schlichte Tasche und schon verändern Sie jedes Mal den Look. Stimmen Sie die Tasche auf Ihre Outfits ab, indem Sie Stoffe in Komplementärfarben aussuchen.

Die Schleifentasche ist eine mittelgroße Tasche für all die wichtigen Dinge, die Sie tagtäglich bei sich haben müssen. Größenverhältnisse, Form und Stil sind sehr wandelbar.

Die Anleitung umfasst keine Innentasche und keinen Magnetverschluss, diese anzufertigen ist jedoch ein Kinderspiel (siehe dazu die Seiten 15–18).

Material

- mittelschwerer bis schwerer Baumwollstoff für die Tasche und die Trageriemen: ca. 115 cm (Breite) × 90 cm (Länge)
- leichter Baumwollstoff für das Futter: ca. 115 cm (Breite) × 60 cm (Länge)
- Stoff für die Schleife: ca. 115 cm (Breite) × 50 cm (Länge)
- Schnittmuster Eckstück Schleifentasche

SCHLEIFEN-TASCHE

FERTIGMASS

- 43 cm (Breite) × 35 cm (Höhe)

SCHNITTSTÜCKE

* Lesen Sie die Anleitung auf Seite 8 für das Anlegen und Ausschneiden von Eckstücken.

- 2 Taschenstücke:
  46 cm (Breite) × 37 cm (Länge)
  Legen Sie die Eckstücke der Schnittmuster an der Unterkante an.
- 2 Futterstücke:
  46 cm (Breite) × 37 cm (Länge)
  Die Eckstücke der Schnittmuster an der Unterkante anlegen.
- 2 Trageriemen:
  8 cm (Breite) × 67 cm (Länge)
- 2 Schleifenstücke:
  15 cm (Breite) × 92 cm (Länge)

NÄHEN

Tasche

Stecken Sie die Taschenstücke rechts auf rechts zusammen. Nähen Sie entlang der Seiten und der Unterkante. Schneiden Sie kleine Dreiecke in die Rundungen der Nahtzugabe (siehe Seite 14).

Futter

Stecken Sie die Futterstücke rechts auf rechts zusammen. Nähen Sie entlang der Seiten und der Unterkante, lassen Sie dabei eine 15 cm breite Öffnung an der einen Seitennaht, um das Futter später auf rechts zu drehen. Schneiden Sie auch hier kleine Dreiecke als Aussparungen in die Nahtzugabe.

Trageriemen

Für das Anfertigen der Trageriemen folgen Sie der Anleitung auf Seite 15.

Zusammenfügen

1. Nehmen Sie die Tasche (auf rechts) und stecken Sie sie in das Futter (auf links).
2. Stecken Sie die oberen Schnittkanten von Tasche und Futter zusammen. Nähen Sie entlang der gesamten Oberkante.

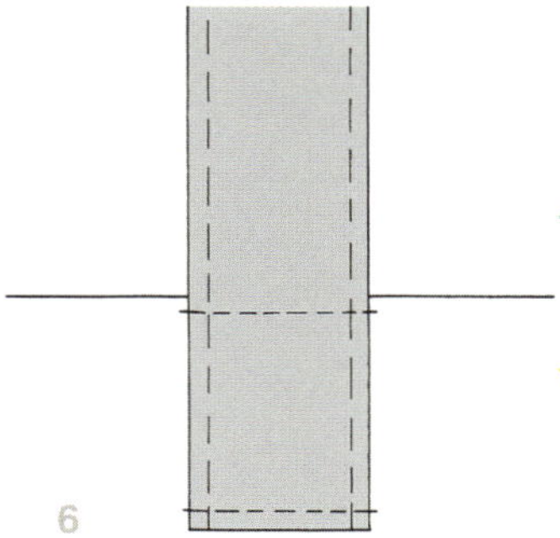

6

3 Ziehen Sie die Tasche durch die Öffnung im Futter, nähen Sie diese zu und stecken Sie anschließend das Futter in die Tasche.

4 Bügeln Sie über die Oberkante der Tasche und steppen Sie entlang des Rands ab.

5 Legen Sie die Riemen mit einem Abstand von 7,5 cm zu den Seiten und der Oberkante auf beide Seiten der Tasche, falten Sie die Schnittkanten 1 cm um. Stecken Sie alles fest.

6 Nähen Sie die Riemen so fest, dass diese gleichzeitig Schlaufen für die Schleife bilden: Nähen Sie dazu einmal quer am unteren Ende nahe der Faltkante über jeden Riemen sowie einmal quer auf Höhe der oberen Taschenkante.

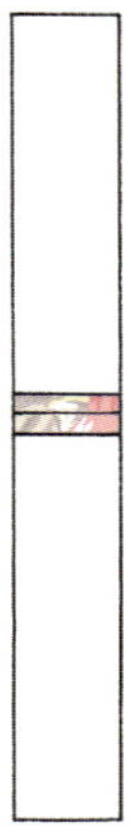

1

Schleife

1 Stecken Sie die beiden Schleifenstücke rechts auf rechts zusammen. Nähen Sie einmal quer über die kurze Seite.

2 Falten Sie dieses Stück der Länge nach in der Mitte (rechts auf rechts) zusammen und steppen Sie im Abstand von 5 mm an der Schnittkante entlang.

3 Bügeln Sie die Naht auf und drehen Sie den Streifen auf rechts. (Mit einer Sicherheitsnadel an dem einen Ende des Schleifenbands lässt sich der Stoff leichter führen.)

4

4 Bügeln Sie mit der Naht in der Mitte über den Streifen. Falten Sie beide Enden schräg um und nähen Sie diese fest.

5 Fädeln Sie das Schleifenband durch die Schlaufen an der Tasche und binden Sie eine Zierschleife. Wenn Sie die Schleife später nicht mehr austauschen werden, können Sie diese entlang der Naht auf der Rückseite festnähen. Achten Sie darauf, dass die Schleife mittig auf der Tasche sitzt.

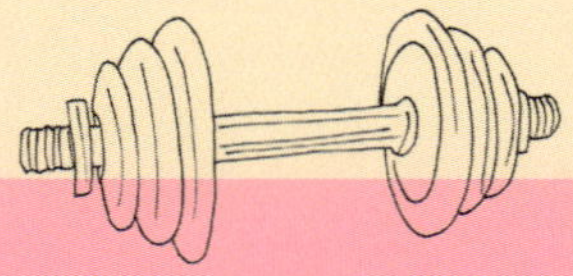

SPORTTASCHE

Viel Stauraum für viel Power – legen Sie los! Nähen Sie Ihre eigene, ganz individuelle Sporttasche, über die Markenfans nur staunen können.

Die Sporttasche hat gerüschte Außenfächer, die so geschnitten sind, dass eine Wasserflasche und andere wichtige Sachen dort ihren Platz finden. Die Taschenöffnung wird an beiden Seiten mit Schleifen zusammengerafft.
Wenn Sie weitere Innentaschen hinzufügen möchten, lesen Sie dazu die Anleitungen auf den Seiten 16–18.

Material

- schwerer Baumwollstoff für die Tasche: ca. 115 cm (Breite) × 70 cm (Länge)
- leichter Baumwollstoff für das Futter: ca. 115 cm (Breite) × 70 cm (Länge)
- mittelschwere bis schwere Einlage: ca. 115 cm (Breite) × 70 cm (Länge)
- schwerer Baumwollstoff für das Fach: ca. 100 cm (Breite) × 40 cm (Länge)
- 4 cm breiter Baumwollgurt für die Trageriemen, Schleifen und Außenfächer: 4,5 m (Länge)
- 1 cm breites Gummiband: 50 cm (Länge)

SPORT-TASCHE

FERTIGMASS

- 40 cm (Breite) × 45 cm (Höhe)

SCHNITTSTÜCKE

- 2 Taschenstücke:
  52 cm (Breite) × 53 cm (Länge)
- 2 Futterstücke:
  52 cm (Breite) × 53 cm (Länge)
- 2 Einlagenstücke:
  52 cm (Breite) × 53 cm (Länge)
- 1 Stück für das Außenfach:
  83 cm (Breite) × 29 cm (Länge)
- 2 Henkel aus Gurtband: 61 cm (Länge)
- 1 Streifen Gurtband für das Fach:
  83 cm (Länge)
- 2 Streifen Gurtband für die Schleifen:
  115 cm (Länge)

NÄHEN

Außenfach

1 Versäubern Sie die langen Seitenränder der Taschen- und Futterstücke mit Zickzack- oder Overlockstich.

2 Nehmen Sie nun das Stück für das Außenfach und schlagen Sie den oberen Rand 5 mm auf die linke Seite um, bügeln Sie ihn, schlagen Sie erneut 5 mm um und nähen Sie den Saum an.

3 Legen Sie das entsprechende Gurtband an der Oberkante des Stücks für das Außenfach an und stecken Sie es fest. Nähen Sie es nah am Rand fest. Für den Tunnel nähen Sie anschließend an der unteren Kante des Gurtbands entlang (Enden nicht zunähen).

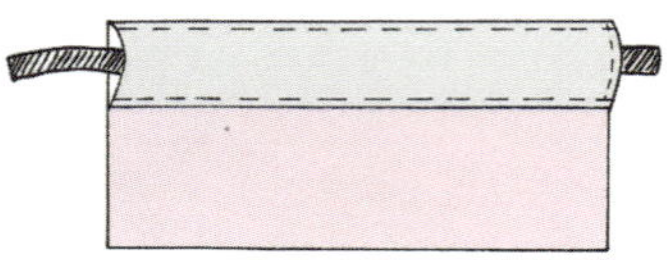
4

4 Machen Sie bei 35 cm eine Markierung auf dem Gummiband. Fädeln Sie es nun durch den Tunnel und nähen Sie ein Ende am Stoff fest. Ziehen Sie das andere so weit durch den Tunnel, bis die Markierung zu sehen ist. Nähen Sie dieses Ende an der Markierung fest und schneiden Sie den Rest des Gummibands ab.

5 Rüschen Sie den Stoff gleichmäßig entlang des Gummibands. Legen Sie anschließend das Außenfachstück mit der rechten Seite nach oben auf die rechte Seite eines Taschenstücks.

6 Streichen Sie das Außenfach so weit glatt, dass die Seitenkanten mit dem Taschenstück abschließen, und stecken Sie es fest. (Durch die Spannung zieht sich der Stoff wieder zusammen. Sie müssen ihn daher beim Nähen straff ziehen.)

7 Messen Sie 14,5 cm von jeder Seite des Außenfachs aus ab und ziehen Sie dort zwei vertikale Linien. Steppen Sie zwei Stichlinien nah aneinander über jede Linie; so erhalten Sie mehrere Fächer.

8 Messen Sie 20 cm vom oberen Rand ab und ziehen Sie eine horizontale Linie. Nähen Sie einmal entlang dieser Linie für den Boden des Außenfachs.

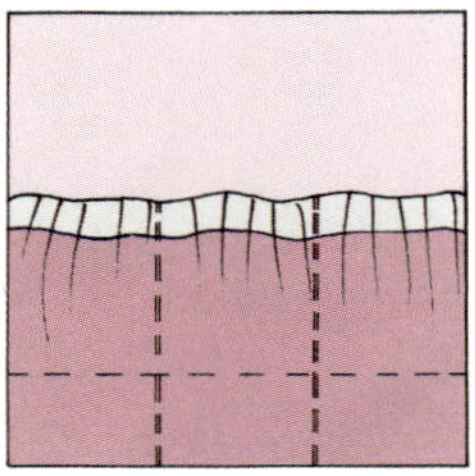
8

Tasche

1 Stecken Sie die Taschenstücke rechts auf rechts zusammen. Nähen Sie entlang der Unterkante und entlang der Seiten. Enden Sie mit der Naht 7 cm von der Oberkante entfernt.

1

2 Für die Ecken im Taschenboden folgen Sie der Anleitung auf Seite 14 und messen dafür 8 cm von der Spitze aus ab.

Futter

1 Stecken Sie die Futterstücke rechts auf rechts zusammen. Nähen Sie entlang der Unterkante und entlang der Seiten, enden Sie mit der Naht 7 cm von der Oberkante entfernt. Lassen Sie dabei eine 15 cm breite Öffnung, um die Tasche später auf rechts zu drehen.

2 Nähen Sie ebenfalls Ecken in das Futter, wie oben in Schritt 2 (Tasche) beschrieben.

Zusammenfügen

1 Drehen Sie das Futter auf rechts. Legen Sie die Henkel auf die beiden Seiten im Abstand von 13 cm zu jeder Seitenkante, sodass die Schnittkanten aufeinanderliegen. Die Henkel sollen nach unten zum Boden zeigen. Nähen Sie diese 5 mm vom Rand entfernt fest.

2 Drehen Sie das Futter auf links. Stecken Sie die Tasche (auf rechts) in das Futter und achten Sie darauf, dass die Henkel nach unten zum Taschenboden zeigen.

3 Stecken Sie die oberen Schnittkanten von Tasche und Futter zusammen. Steppen Sie entlang des gesamten oberen Rands.

4 Ziehen Sie die Tasche durch die Öffnung im Futter, nähen Sie diese anschließend zu und stecken Sie das Futter in die Tasche. Bügeln Sie über den oberen Rand.

5 Für den Tunnel nähen Sie auf beiden Taschenseiten eine horizontale Stichlinie 1 cm vom oberen Rand entfernt. Nähen Sie erneut im Abstand von 5 cm parallel zu dieser Linie.

6 Fädeln Sie jeweils einen Streifen Gurtband (für die Schleifen) durch den Tunnel, binden Sie diese auf beiden Seiten zu je einer Schleife zusammen.

6

YOGAMATTEN-TASCHE

Zeigen Sie auf dem Weg zum Yogakurs Ihren persönlichen, einzigartigen Stil mit dieser praktischen und doch einfachen Yogamatten-Tasche. Am Futter sind zwei kleine Bänder angebracht, um die Matte in der Tasche zu sichern und im Gleichgewicht zu halten.

Material

- schwerer Baumwollstoff für die Tasche: ca. 60 cm (Breite) × 60 cm (Länge)
- leichter Baumwollstoff für das Futter: ca. 60 cm (Breite) × 60 cm (Länge)
- mittelschwere Einlage: ca. 60 cm (Breite) × 60 cm (Länge)
- 2,5 cm breites Gurtband für die Trageriemen: 2,5 m (Länge)
- 1 cm breites Schleifenband für das Futter: 2 m (Länge)
- Schnittmuster Yogamatten-Tasche Eckstück

YOGA-MATTEN-TASCHE

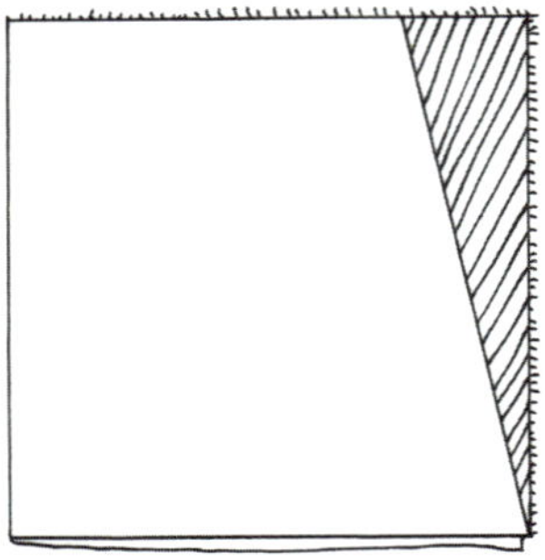

FERTIGMASS

- 44,5 cm (Breite) × 22 cm (Höhe)

SCHNITTSTÜCKE

- 1 Taschenstück: 47 cm × 47 cm
- 1 Futterstück: 47 cm × 47 cm
- 1 Einlagenstück: 47 cm × 47 cm
- Für das Ausschneiden der Stoffstücke gilt: Falten Sie das Quadrat zweimal hintereinander in der Mitte. Achten Sie darauf, dass der Stoff flach aufliegt. Legen Sie das Schnittmuster für das Eckstück auf die Schnittkanten (nicht auf die gefalteten Kanten!). Markieren Sie den Umriss und schneiden Sie die Ecken ab. Bügeln Sie Taschen- und Futterstücke glatt.

  2 × 2,5 cm breite Streifen Gurtband (als Trageriemen): 125 cm (Länge)

  2 × 1 cm breites Schleifenband für das Futter: 75 cm (Länge)

  2 × 1 cm breites Schleifenband für die Tasche: 20 cm (Länge)

NÄHEN

Futter

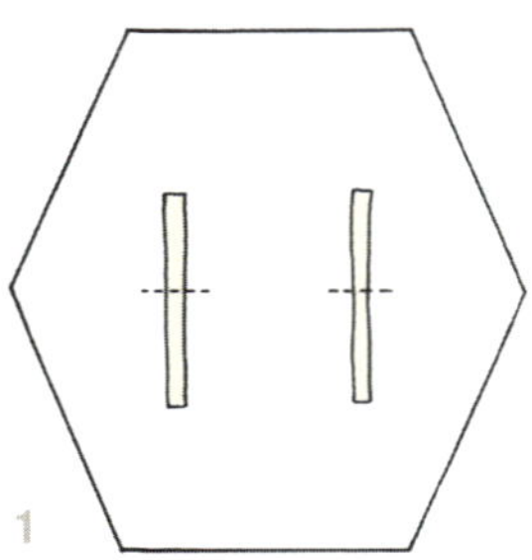
1

- Messen Sie auf der rechten Seite des Futterstücks 12 cm von jeder Seite zur Mitte ab und markieren Sie die Stelle. Nähen Sie an dieser Markierung einmal quer über die Mitte des Schleifenbands. (Diese Bänder werden Ihre Matte in der Tasche festhalten.)

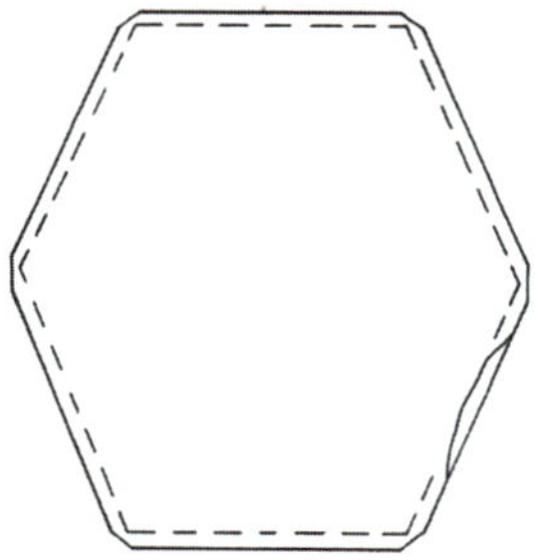

1 & 2

Tasche

1 Legen Sie die Taschen- und Futterstücke rechts auf rechts aufeinander, legen Sie anschließend die Einlage auf das Futter. Stecken Sie alle Lagen zusammen. Nähen Sie entlang der Ränder, drehen Sie den Stoff an den Ecken und lassen Sie eine 15 cm breite Öffnung auf einer Seite für das Drehen.

2 Schneiden Sie die Ecken zurück (siehe Seite 14).

3 Auf rechts drehen, bügeln, Öffnung zunähen.

2

Trageriemen

1 Legen Sie die Tasche mit der Außenseite nach oben hin. Legen Sie von der Mitte ausgehend die Gurtriemen an beide Seitenkanten an, sodass sie jeweils einen Henkel bilden. Achten Sie darauf, dass sie sich nicht verdrehen, und stecken Sie dann die Riemen fest.

2 Nähen Sie die Riemen nah an der Gurtkante fest.

Schleifen

Messen Sie 16,5 cm von den Seiten an der Oberkante der Tasche ab und stecken Sie die restlichen Schleifenbänder dort fest. Schlagen Sie die Schnittkanten des Bands ein und nähen Sie sie fest.

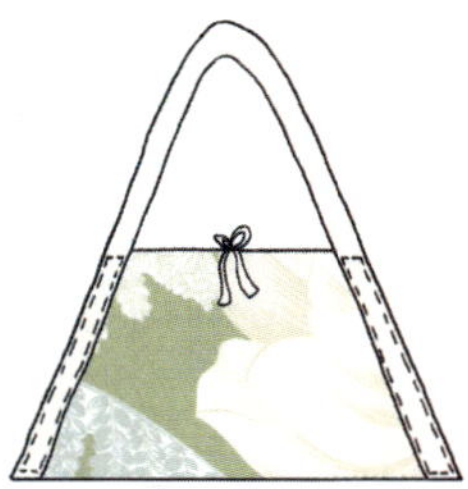

1

6-IN-1-FALTTASCHE

Sechs Tragevarianten – eine Tasche. Sie haben die Wahl! Das Beste daran: Dieses Modell ist leicht zu nähen und im Handumdrehen fertig. Ein Beutel, eine Handtasche und eine Clutch: Diese 6-in-1-Tasche wurde für kreative Frauen entworfen. Wählen Sie zwei zueinander passende Stoffe aus und falten Sie die Tasche einfach in die Form, in der Sie sie gerade tragen möchten.

Auseinandergefaltet ist die Tasche ein lässiger Beutel, der ausreichend Platz für die Dinge bietet, die Sie tagtäglich brauchen. Wenn Sie den oberen Teil umschlagen, erhalten Sie eine kleinere Tasche für das Nötigste. Oder Sie verstecken ganz einfach den Trageriemen – und schon können Sie abends mit einer Oversize-Clutch auf die Piste gehen.

Material

- mittelschwerer bis schwerer Stoff für die Taschenvorderseite: ca. 60 cm (Breite) × 70 cm (Länge)
- leichter oder mittelschwerer Stoff für die Taschenrückseite: ca. 60 cm (Breite) × 70 cm (Länge)
- leichter Baumwollstoff für das Futter: ca. 115 cm (Breite) × 70 cm (Länge)
- leichte Einlage: ca. 115 cm (Breite) × 70 cm (Länge)
- 2,5 cm breites Schrägband: 2 m (Länge)
- Schnittmuster 6-in-1-Falttasche Eckstück

6-IN-1-FALT-TASCHE

FERTIGMASS

- Lässiger Beutel:
  34 cm (Breite) × 45 cm (Höhe)
- Schultertasche:
  34 cm (Breite) × 30 cm (Höhe)
- Clutch:
  34 cm (Breite) × 19 cm (Höhe)

SCHNITTSTÜCKE

* Legen Sie das Eckstück des Schnittmusters an die Unterkante jedes Stoff-/Einlagenstücks. (Beachten Sie die Anleitung auf Seite 8 zum Anlegen und Ausschneiden von Eckstücken.)

- 1 Taschenstück Vorderseite:
  37 cm (Breite) × 47 cm (Länge)
- 1 Taschenstück Rückseite:
  37 cm (Breite) × 47 cm (Länge)
- 2 Futterstücke:
  37 cm (Breite) × 47 cm (Länge)
- 2 Einlagenstücke:
  37 cm (Breite) × 47 cm (Länge)
- 1 Streifen Schrägband für den Trageriemen: 90 cm (Länge)
- 1 Streifen Schrägband für das Einfassen: 80 cm (Länge)

NÄHEN

Tasche

1 Legen Sie die Taschenstücke rechts auf rechts zusammen und anschließend zwischen die zwei Einlagenstücke. Stecken Sie alle Lagen zusammen. Nähen Sie entlang der beiden Seiten und der Unterkante.

2 Drehen Sie die Tasche auf rechts.

Futter

Stecken Sie die Futterstücke rechts auf rechts zusammen. Nähen Sie entlang beider Seiten und der Unterkante.

Trageriemen

Falten Sie das Schrägband der Länge nach in der Mitte und steppen Sie die gesamte Länge nah am Rand ab.

Zusammenfügen

1 Stecken Sie das Futter (auf links) in die Tasche (auf rechts). Legen Sie die oberen Schnittkanten aufeinander und heften Sie alles fest.

2 Folgen Sie der Anleitung auf Seite 19, fassen Sie die Kante der Taschenöffnung mit dem Schrägband ein, beginnen Sie bei der Seitennaht. Das Band sollte 1 cm über die Kante geschlagen werden.

3 Messen Sie von der Taschenöffnung aus 20 cm ab und machen Sie auf beiden Seiten an der Naht eine Markierung.

4 Schlagen Sie jeden Riemen 2,5 cm um und nähen Sie ihn anschließend bei der Markierung auf den Taschenseiten mithilfe eines Rechtecks quer über die Breite des Riemens fest.

2

4

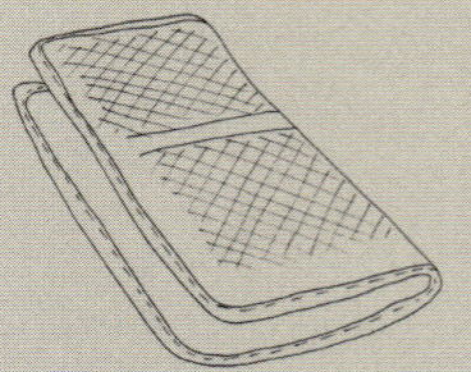

MAMAS TASCHE

Mütter aufgepasst! Die ganzen Babysachen stilvoll mit sich herumzutragen ist gar nicht so kompliziert. Ein paar Stunden Zeit und ein hübscher Stoff bescheren Ihnen im Park oder Café neidische Blicke von den anderen Müttern. Diese Tasche ist natürlich nicht ausschließlich für Mütter gedacht – jeder, der eine geräumige Tasche mit zahlreichen Innentaschen braucht, wird dieses Modell lieben.

Die abgerundete Tasche hat drei große Innenfächer. Sie können problemlos drei weitere hinzufügen, indem Sie ein zusätzliches Stück Stoff mithilfe des Schnittmusters ausschneiden und es innen oder außen annähen. Passen Sie die Tasche einfach Ihren Bedürnissen an.

Material

- Baumwollstoff für die Tasche: ca. 115 cm (Breite) × 80 cm (Länge)
- Baumwollstoff für das Futter: ca. 115 cm (Breite) × 120 cm (Länge)
- leichte Einlage: ca. 115 cm (Breite) × 80 cm (Länge)
- 2,5 cm breites Gurt- oder Flechtband für die Riemen: 46 cm (Länge)
- Magnetverschluss
- Schnittmuster Mamas Tasche: Tasche, Innentasche

MAMAS TASCHE

FERTIGMASS

- 48 cm (Breite) × 34 cm (Höhe)

SCHNITTSTÜCKE

- 2 Taschenstücke: am Stoffbruch mithilfe des Schnittmusters Tasche ausgeschnitten (übertragen Sie die Markierungen für Abnäher und Magnetverschluss).
- 2 Futterstücke: am Stoffbruch mithilfe des Schnittmusters Tasche ausgeschnitten
- 2 Einlagenstücke: am Stoffbruch mithilfe des Schnittmusters Tasche ausgeschnitten
- 1 Innentaschenstück (oder mehr, falls mehr als 3 Fächer erwünscht):am Stoffbruch mithilfe des Schnittmusters Innentasche ausgeschnitten
- 2 Gurt-/Bortenstreifen: 23 cm (Länge)

NÄHEN

Innentasche

- Schlagen Sie die obere Kante des Stücks 5 mm auf die Rückseite um, bügeln Sie es auf. Schlagen Sie erneut 5 mm um und stecken Sie alles fest. Nähen Sie nah am Rand entlang des Saums.

Tasche

1. Stecken Sie ein Einlagenstück auf die linke Seite jedes Taschenstücks und heften Sie es fest.
2. Für die Abnäher an den Taschenstücken folgen Sie der Anleitung auf Seite 13.
3. Stecken Sie die Taschenstücke rechts auf rechts zusammen. Nähen Sie entlang der gesamten Rundung bis zum Ansatz der Henkel.
4. Schneiden Sie Aussparungen in die Nahtzugabe an den Rundungen (siehe Seite 14).

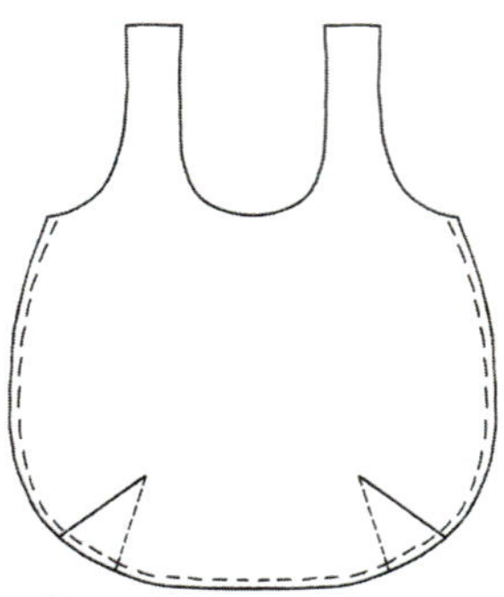

3

Futter

1 Um den Magnetverschluss an den Futterstücken zu befestigen, folgen Sie der Anleitung auf Seite 15.

2 Nähen Sie, wie in Schritt 2 (Tasche) angegeben, die Abnäher in die Futterstücke.

3 Legen Sie das Taschenstück mit der rechten Seite nach oben auf eines der Futterstücke, das ebenfalls mit der rechten Seite nach oben liegt, und stecken Sie beide Teile fest. Schneiden Sie die Kanten des Taschenstücks zurück, wenn sie nicht exakt mit den Rundungen des Futters abschließen (die Form kann sich durch die Abnäher etwas geändert haben). Festheften.

4 Um das Fach in drei Fächer zu teilen, messen Sie 16 cm von jeder Seite aus ab und ziehen an den Stellen jeweils eine vertikale Linie. Steppen Sie entlang dieser Linien.

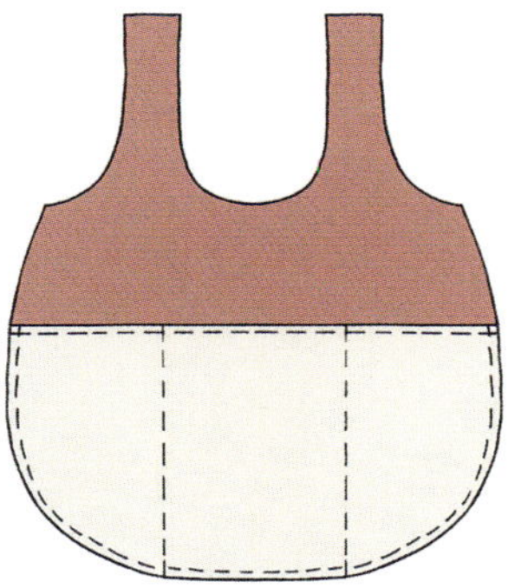

4

5 Stecken Sie die Futterstücke rechts auf rechts zusammen. Steppen Sie nur entlang der Rundungen. Lassen Sie dabei eine 10 cm breite Öffnung im Boden, um später alles auf rechts zu drehen.

6 Schneiden Sie Aussparungen in die Rundungen (siehe Seite 14).

Zusammenfügen

1 Stecken Sie die Tasche (auf rechts) in das Futter (auf links).

2 Stecken Sie die oberen Schnittkanten von Tasche und Futter zusammen. Nähen Sie entlang der Henkel und der Oberkante, lassen Sie dabei die Enden der Henkel offen.

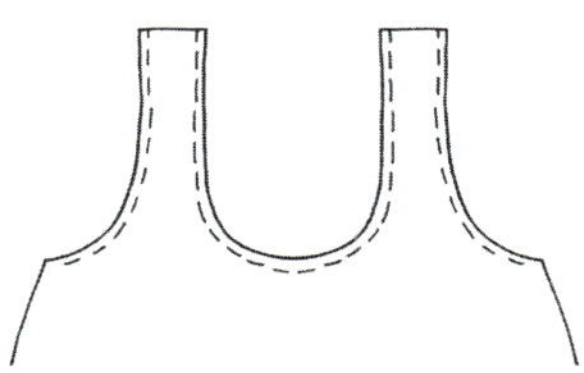

2

3 Ziehen Sie die Tasche durch die Öffnung im Futter und drücken Sie die Henkel mithilfe eines Stifts oder einer Stricknadel ebenfalls hindurch. Nähen Sie die Öffnung zu, drücken Sie anschließend das Futter in die Tasche. Bügeln Sie über die Kanten.

4 Schlagen Sie die Henkelenden 1 cm nach innen um und bügeln Sie diese.

5 Stecken Sie die Enden der Riemen 1,5 cm weit in jedes Henkelende und nähen Sie quer über den Henkel, um sie zu fixieren. (Achten Sie darauf, dass Sie die Riemen in die entsprechenden gegenüberliegenden Henkel hineinstecken und dass sich diese nicht kreuzen.)

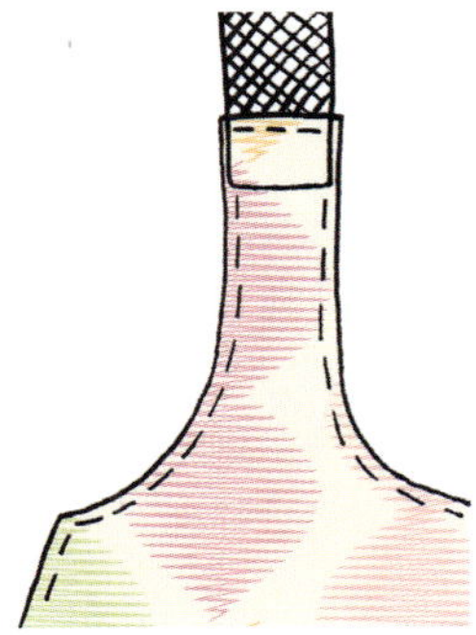

5

6 Steppen Sie um die Henkel und die Taschenöffnung herum, nah an der Faltnaht, ab.

BALLON-TASCHE

Schwingen Sie sich mit dieser bauchigen Tasche, inspiriert von kunterbunten Heißluftballons, in luftige Höhen.

Die Anleitung ergibt eine schlichte, ungefütterte Tasche mit rundem Boden. Auf Wunsch können Sie Futter und Innentaschen hinzufügen oder auch ein großes Fach auf der Außenseite anbringen.

Pompons oder Troddeln geben dieser Tunnelzugtasche einen verspielten Touch. Fügen Sie diese nach Belieben hinzu, in kontrastreichen oder zueinander passenden Farben, sodass die Tasche Ihrem persönlichen Stil entspricht.

Material

- mittelschwerer Baumwollstoff: ca. 150 cm (Breite) × 100 cm (Länge)
- Kordel für den Tunnelzug: 120 cm (Länge)
- Troddeln und/oder Pompons (siehe Anleitung zum Selbermachen auf Seite 20)
- Bodenschnittmuster Ballontasche

BALLON-TASCHE

FERTIGMASS

- 40 cm (Breite) × 38 cm (Höhe)

SCHNITTSTÜCKE

- 1 Taschenstück:
  44 cm (Höhe) × 60 cm (Breite), ausgeschnitten am Stoffbruch, sodass das ausgefaltete Stück 44 cm hoch und 120 cm breit ist
- 1 Bodenstück: ausgeschnitten mithilfe des Schnittmusters
- 2 Riemenstücke:
  8 cm (Breite) × 60 cm (Länge)

NÄHEN

Tasche

3

4

5

1 Versäubern Sie die kurzen Schnittkanten des Taschenstücks per Zickzack- oder Overlockstich.

2 Messen Sie auf der linken Seite des Taschenstücks vom oberen Rand aus 4,5 cm ab und zeichnen Sie auf dieser Höhe eine horizontale Linie. Zeichnen Sie 3,5 cm darunter eine weitere Linie.

3 Falten Sie den oberen Rand des Taschenstücks 5 mm auf die linke Seite ein und bügeln Sie ihn. Schlagen Sie die Kante noch einmal um, sodass sie mit der zweiten Linie abschließt (die Falte sollte auf der ersten Linie liegen), bügeln Sie diese und stecken Sie alles fest. Für den Tunnel nähen Sie eine Stichlinie im Abstand von je 5 mm von Ober- und Unterkante des Saums.

4 Falten Sie das Taschenstück in der Mitte der Länge nach rechts auf rechts zusammen und steppen Sie die Seitenkanten entlang, ohne über den Tunnel zu nähen. Bügeln Sie die Naht auf.

5 Stellen Sie bei Ihrer Nähmaschine die größte Stichlänge ein und nähen Sie zwei Stichlinien im Abstand von 5 mm nah an der unteren Schnittkante der Tasche entlang. Nähen Sie keinen Rückstich, um den Faden zu sichern, sondern lassen Sie an jedem Ende der Naht ein Stück Faden hängen. Ziehen Sie vorsichtig an diesen Enden und rüschen Sie so den Stoff.

6 Legen Sie das Bodenstück an der gerüschten Seite des Taschenstücks rechts auf rechts an und stecken Sie es fest. (Es erfordert ein wenig Zeit, die Rüschung zu drapieren, sodass sie korrekt am Bodenteil anliegt. Ich empfehle, zunächst ein paar Stecknadeln zu benutzen und die Rüschung dann nach und nach an den Boden anzupassen.)

7 Sobald Sie den Boden festgesteckt haben, nähen Sie ihn an die Tasche. Versäubern Sie die Schnittkanten mit Zickzack- oder Overlockstich, damit sie nicht ausfransen.

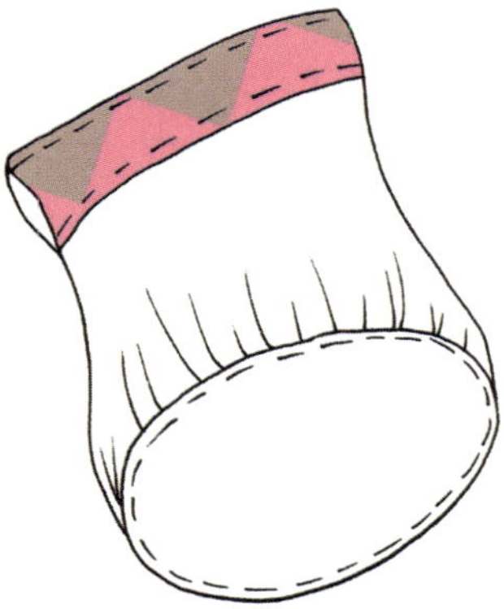

7

Trageriemen

1 Für die Riemen folgen Sie der Anleitung auf Seite 15 (nur Schritte 1–3).

2 Versäubern Sie die Schnittkanten der Riemen mit Overlock- oder Zickzackstich.

Zusammenfügen

1 Legen Sie die Tasche flach mit der rechten Seite nach oben und der Seitennaht in der Mitte hin. Setzen Sie eine Markierung im Abstand von 10 cm auf beiden Seiten der Naht, direkt unterhalb des Tunnels. Stecken Sie die Enden eines Riemens auf diese Markierungen. Schlagen Sie die Enden dabei 1 cm um. Nähen Sie sie jeweils am Ende mit einem Quadrat über die Breite des Riemens fest, stoppen Sie dabei kurz vor dem Tunnel.

1

2 Nähen Sie den anderen Riemen auf die andere Seite der Tasche.

3 Fädeln Sie den Kordelzug durch den Tunnel. Verknoten Sie die Enden der Kordel und befestigen Sie die Pompons oder Troddeln (oder beides) an den Enden, indem Sie diese mit ein paar Stichen am Knoten festnähen.

HERRENTASCHE

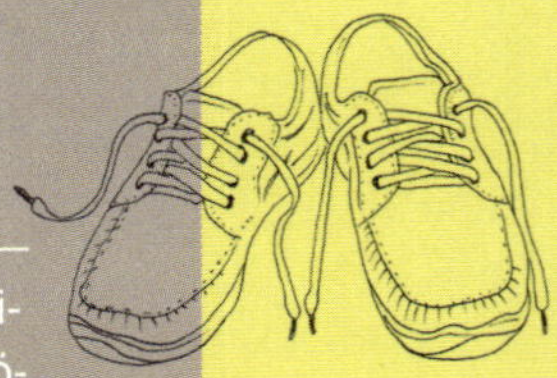

Nähen Sie Ihrem Mann von Welt eine Tasche für all seine wichtigen und weniger wichtigen Sachen. Wählen Sie neutrale Farbtöne nach seinem Geschmack aus. Grün- und Brauntöne, aber auch Schwarz sowie Blau- oder Grautöne bieten sich an.

Die Herrentasche hat zwei Griffe und einen längeren Tragegurt mit Wirbelhaken, sodass der Träger sich die Tasche auch umhängen kann. Zwei Außenfächer bieten Platz für kleine Gegenstände wie Schlüssel und Geldbörse. Wenn Sie noch mehr Stauraum schaffen möchten, nähen Sie weitere Innentaschen in das Futter.

Material

- mittelschwerer Baumwollstoff für die Tasche: ca. 115 cm (Breite) × 60 cm (Länge)
- leichter Baumwollstoff für das Futter: ca. 115 cm (Breite) × 60 cm (Länge)
- Baumwollstoff für das Außenfach: ca. 50 cm (Breite) × 40 cm (Länge)
- dünnes Leder oder Lackstoff für Dekostreifen: ca. 50 cm (Breite) × 20 cm (Länge)
- Einlage: ca. 115 cm (Breite) × 60 cm (Länge)
- 3 cm breites Gurtband für die Trageriemen, Henkel und Schlaufen: ca. 2,6 cm (Länge)
- 2 × 3 cm breite D-Ringe
- 2 Wirbelhaken mit 3 cm breitem D-Ring-Verbindungsstück

HERREN-TASCHE

FERTIGMASS

- 35 cm (Breite) × 39 cm (Höhe)

SCHNITTSTÜCKE

- 2 Taschenstücke: 39 cm (Breite) × 47 cm (Länge)
- 2 Futterstücke: 39 cm (Länge) × 47 cm (Breite)
- 2 Einlagenstücke: 39 cm (Breite) × 47 cm (Länge)
- 1 Stück für das Innenfach: 39 cm (Breite) × 31 cm (Länge)
- 1 Lederstreifen: 39 cm (Breite) × 9 cm (Länge)
- 2 Henkel aus Gurtband: 70 cm
- 1 Gurtriemen: 1 m (Länge)
- 2 Gurtschlaufen: 5 cm (Länge)

NÄHEN

Innentasche

1 Falten Sie das Stück für das Innenfach in der Mitte rechts auf rechts, sodass es 39 cm breit und 15,5 cm lang ist.

2 Steppen Sie im Abstand von 5 mm zum Rand entlang der langen Seite.

3 Drehen Sie alles auf rechts und bügeln Sie das Stück mit der Naht in der Mitte glatt. Steppen Sie im Abstand von 5 mm an der Oberkante und der unteren Faltkante entlang.

Tasche

1 Legen Sie die Henkel im Abstand von 9,5 cm zu den Seiten und 8 cm zum oberen Rand auf beide Taschenstücke. Nähen Sie diese nah an ihren Kanten fest, sodass die Naht ein Rechteck bildet. Nähen Sie anschließend ein Quadrat über die Breite des Gurts mit einem „X" im Inneren, um die Naht zusätzlich zu verstärken.

2 Legen Sie auf einem Taschenstück den Lederstreifen im Abstand von 7 cm zur Oberkante über die Enden der Henkel, sodass er mit den Seitenkanten abschließt. Sofern der obere Lederrand dünn genug ist, falten Sie ihn einmal und nähen Sie dann den gesamten oberen Rand entlang.

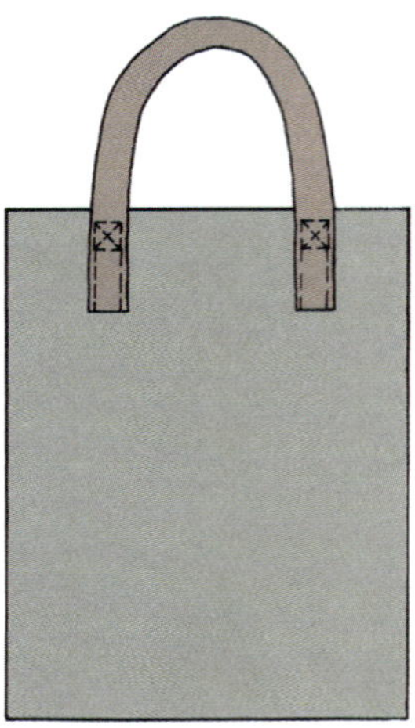

1

3 Legen Sie das Stück für das Außenfach 13 cm von der oberen Taschenkante entfernt teils über den Lederstreifen und stecken Sie es fest. Messen Sie 19,5 cm von einer Seite aus ab und machen Sie oben und unten eine Markierung auf das Außenfach. Ziehen Sie dort eine vertikale Linie und nähen Sie ca. 2 mm links und rechts von dieser Linie entlang, um das Fach zu teilen.

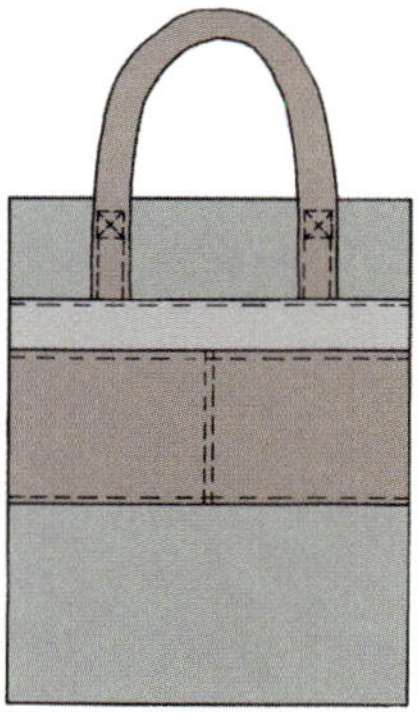

3

4 Steppen Sie im Abstand von 2 mm an der Unterkante des Außenfachs entlang.

5 Falten Sie jedes Stück Gurtband für die Schlaufen in der Mitte. Legen Sie die Schlaufen an den Taschenseiten direkt oberhalb des Lederstreifens an, sodass die Schnittkanten der Schlaufen mit denen des Stoffs abschließen. Fädeln Sie die D-Ringe auf und stecken Sie alles fest.

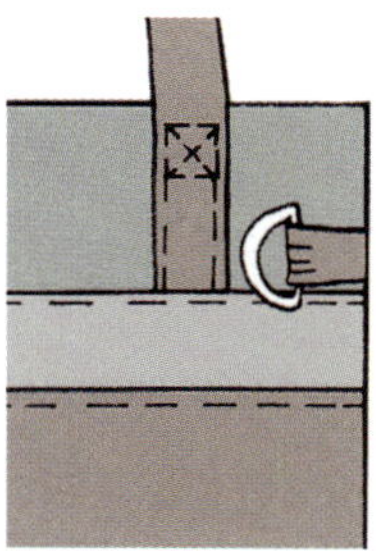

5

6 Legen Sie die Vorder- und Rückseite der Tasche rechts auf rechts aufeinander und in die zwei Einlagenstücke. Stecken Sie alle Lagen zusammen. Steppen Sie 1,5 cm vom Rand entfernt entlang der Seiten und der Unterkante.

7 Für die Ecken im Taschenboden folgen Sie der Anleitung auf Seite 14 und messen hierfür 4,5 cm von der Spitze aus ab. Drehen Sie die Tasche anschließend auf rechts.

Futter

1 Stecken Sie die Futterstücke rechts auf rechts zusammen. Nähen Sie 1,5 cm vom Rand entfernt entlang beider Seiten und der Unterkante. Lassen Sie dabei eine 15 cm breite Öffnung, um später alles auf rechts zu drehen.

2 Nähen Sie Ecken in das Futter, wie in Schritt 7 (Tasche) beschrieben.

Zusammenfügen

1 Stecken Sie die Tasche (auf rechts) mit den Henkeln auf der Außenseite in das Futter (das noch auf links gedreht sein sollte).

2 Stecken Sie die Schnittkanten von Tasche und Futter zusammen. Nähen Sie entlang der gesamten oberen Kante.

3 Ziehen Sie die Tasche durch die Öffnung im Futter, nähen Sie diese anschließend zu und drücken Sie das Futter in die Tasche.

4 Steppen Sie entlang der oberen Taschenkante nah an der Naht ab.

5 Befestigen Sie die Haken an dem längeren Riemen, indem Sie den Gurt umfalten, ihn durch den D-Ring des Hakens ziehen und festnähen.

6 Klemmen Sie die Haken in die D-Ringe an den Schlaufen.

ORIGAMI-TASCHE

Dieses Taschendesign wurde von der traditionellen japanischen Faltkunst Origami (Papier) und Furoshiki (Stoff) inspiriert.

Das beschriebene Modell ist gefüttert sowie mit Reißverschlüssen ausgestattet – jeweils einem an der Öffnung und einem zum Verschließen einer Innentasche, die zur sicheren Aufbewahrung Ihres Handys und Ihrer Geldbörse dient. Wenn Ihnen das zu viel wird, wählen Sie einfach eine leichtere Variante, die ebenso extravagant aussieht. Verzichten Sie lediglich auf die Reißverschlüsse sowie die Innentasche und säumen Sie stattdessen einfach die Stoffränder. Wenn Sie sich für diese leichtere Variante entscheiden, dann wählen Sie einen schwereren Stoff (wie Segeltuch, Jeans- oder Polsterstoff) aus, um der Tasche mehr Struktur zu geben. Sie können die Öffnung ggf. mit einem Knopf verschließen.

Diese Tasche entsteht aus einem einzigen quadratischen Stück Stoff, das zusammengefaltet wird. Daher empfehle ich, einen schlichten Stoff oder einen Stoff ohne Musterrichtung zu verwenden.

Material

- Baumwollstoff für die Tasche und Reißverschluss-laschen: ca. 115 cm (Breite) × 100 cm (Länge)
- Baumwollstoff für das Futter und Innentasche: ca. 115 cm (Breite) × 100 cm (Länge)
- 1 cm breites Schrägband: 4,5 m (Länge)
- Reißverschluss für die Innentasche: 18–20 cm (Länge)
- Reißverschluss für die Taschenöffnung: 40 cm (Länge)

ORIGAMI-TASCHE

1

3

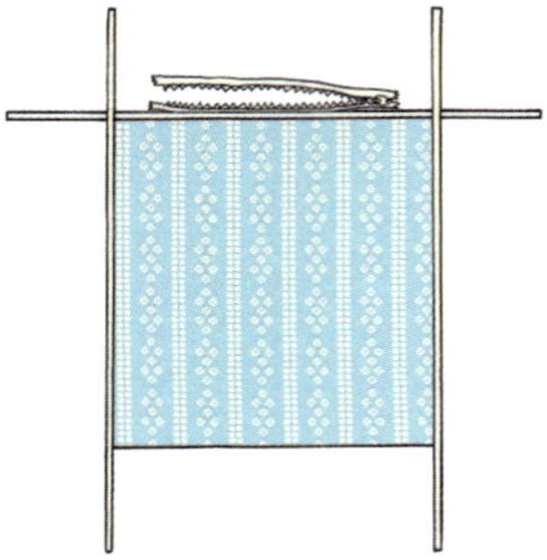

4

FERTIGMASS

- 50 cm (Breite) × 30 cm (Höhe)

SCHNITTSTÜCKE

- 1 Taschenstück:
  74 cm (Breite) × 74 cm (Länge)
- 1 Futterstück:
  74 cm (Breite) × 74 cm (Länge)
- 1 Innentaschenstück:
  23 cm (Breite) × 32 cm (Länge)
- 2 Laschenstücke für die Reißverschlüsse:
  4 cm (Breite) × 6,5 cm (Länge)
- 4 Schrägbandstreifen:
  104 cm (Länge)

NÄHEN

Innentasche

Für eine Innentasche mit Reißverschluss, die ins Futter eingefügt wird, folgen Sie der Anleitung und den Maßen auf Seite 16.

Tasche

1 Stecken Sie die Taschen- und Futterstücke rechts auf rechts zusammen. Nähen Sie sie zusammen und lassen Sie dabei eine 25 cm breite Öffnung in der Mitte des oberen und unteren Rands. Schneiden Sie die Ecken zurück und drehen das Ganze durch eine der Öffnungen auf rechts. Bügeln.

2 Stecken Sie eine Seite des 40-cm-Reißverschlusses in die Öffnung des Taschen-/Futterstücks. Achten Sie darauf, dass er mittig positioniert wird und dass die Enden an den Seiten überstehen. Heften Sie den Reißverschluss fest.

3 Stecken Sie einen Streifen Schrägband (der Länge nach in der Mitte gefaltet) auf der rechten Stoffseite entlang dieser Kante fest. Enden Sie 1 cm vor den Ecken und lassen Sie 15 cm Schrägband an beiden Enden überlappen. Nähen Sie das Band nah an der Kante fest und sichern Sie so den Reißverschluss.

4 Das Band ebenso an die anderen beiden Seiten ohne Öffnung annähen.

5 Legen Sie die Tasche mit dem Futter nach oben hin und falten Sie die obere und untere Kante in der Mitte zusammen, sodass der angeheftete Reißverschluss an der Öffnung in der Unterseite des Stoffquadrats liegt. Heften Sie das Gegenstück des Reißverschlusses fest und nähen Sie anschließend auch hier ein Stück Schrägband entlang der Kante fest.

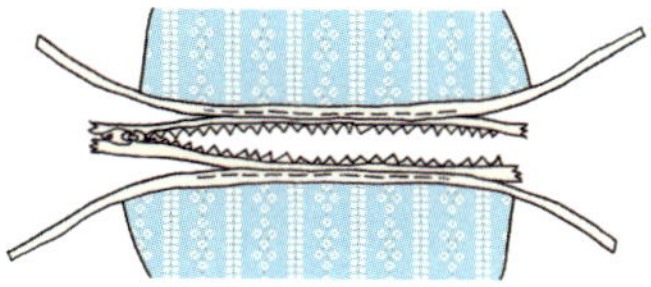

5

6 Jetzt wird gefaltet! Nehmen Sie die obere Kante und falten Sie diese mit der Seitenkante zusammen. Stecken Sie diese zwei Seiten von der oberen Ecke bis zu der Stelle, wo der Reißverschluss beginnt, zusammen. Wiederholen Sie diesen Schritt bei allen vier Ecken.

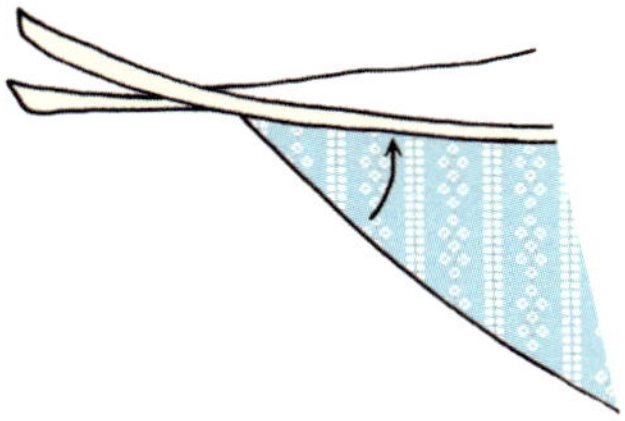

6

7 Nähen Sie an jeder Ecke entlang der Schrägbandkante, an der Sie festgesteckt haben, indem Sie über die vorhandene Naht nähen. Fangen Sie beim Ende des Reißverschlusses an und nähen Sie weiter bis zum Ende des überhängenden Schrägbands, sodass Sie die beiden Schrägband-Enden zusammennähen. Nähen Sie eine weitere Stichlinie entlang der anderen Schrägbandseite.

8 Nun haben Sie vier Schrägband-Enden und vier dreieckige Taschenecken. Legen Sie die Enden des Schrägbands auf jeder Seite aufeinander, um Henkel zu bilden. Achten Sie darauf, dass diese nicht verdreht sind, nähen Sie sie auf der linken Seite zusammen und falten Sie die Schnittkanten dabei um.

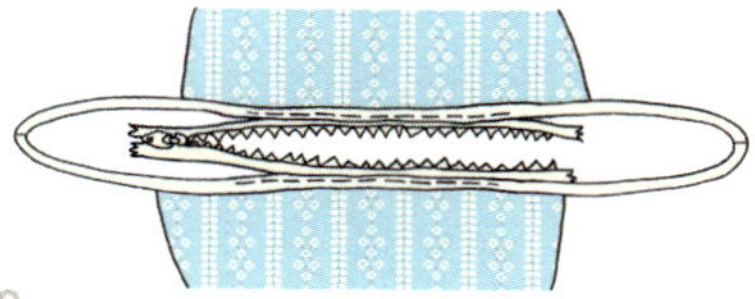

8

Reißverschluss-Laschen

1 Ziehen Sie den Reißverschluss zu und platzieren Sie die kürzere Seite eines Laschenstücks auf dem einen Ende des Reißverschlusses rechts auf rechts. Nähen Sie 5 mm von der Schnittkante entfernt und kürzen Sie den Reißverschluss anschließend entsprechend.

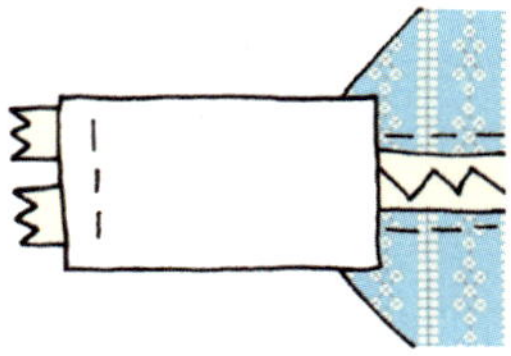

1

2 Schlagen Sie die restlichen drei Ränder der Lasche 5 mm nach links um und bügeln Sie die Lasche.

3 Falten Sie die Lasche der Länge nach in der Mitte, links auf links, alles feststecken und die Kanten absteppen.

3

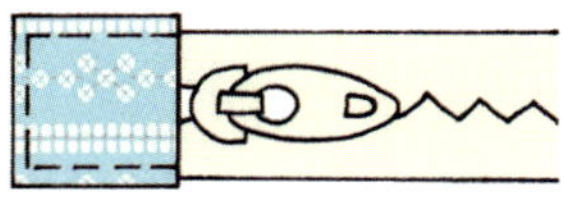

GLOSSAR

Abnäher: eine dreieckige oder diamantförmige Biese, die im Stoff abgesteppt wird, um dem Stoff eine klarere Form zu verleihen. Siehe Seite 13.

Applikation: die allgemeine Bezeichnung für Materialien wie Borte, Band, Schnur oder Spitze, die zum Verzieren benutzt werden.

Auf rechts drehen: die rechte Seite einer Arbeit oder eines dazugehörigen Teils nach außen drehen, nachdem es auf der linken Seite genäht wurde.

Biese: eine Falte im Stoff, die (meistens keilförmig) abgenäht wird.

Bügeln: ein Bügeleisen benutzen. Um ein Verzerren oder Dehnen beim Anfertigen einer Tasche zu vermeiden, sollte das Bügeleisen nicht wie normalerweise vor- und zurückbewegt werden, sondern auf den Stoff gelegt, angehoben, in der Luft bewegt und wieder abgesetzt werden.

Bügeltuch: ein leichtes Baumwolltuch, das man als Schutz zwischen Bügeleisen und empfindlichen Stoff legt. Sie können ein sauberes Stück ungefärbten Stoff, ein Stofftaschentuch oder Backpapier verwenden.

Drehen (der Näharbeit): nach dem Nähen die Nähnadel im Stoff stecken lassen, den Nähfuß anheben, den Stoff drehen, den Nähfuß absenken und weiternähen.

Einfassen: Schnittkanten versäubern durch das Anbringen eines schmalen Stoffstreifens (normalerweise Schrägband), das umgeklappt wird, um die Schnittkante zu verdecken. Siehe Seite 19.

Einlage: Web- oder Vliesmaterial, das den Stoff stabilisieren und halten soll, erhältlich in verschiedenen Stärken, Dichten und Elastizitätsgraden, zum Aufbügeln oder Einnähen.

Einschneiden: von runden Nähten die überschüssige Nahtzugabe zurück- bzw. einschneiden, damit die Naht flach aufliegt. Siehe Seite 13.

Fadenspannung: der Druck auf dem Ober- und Unterfaden, wenn die Fäden durch eine Nähmaschine laufen. Ist die Spannung ideal eingestellt, kreuzen sich oberer und unterer Faden exakt in der Mitte der Stofflagen.

Fadenlauf: die Richtung der gewebten Fäden im Stoff: Die Kettfäden verlaufen parallel zur Webkante, die Schussfäden im rechten Winkel zur Webkante. Diese ist deutlich dehnfähiger als die Kettfäden (siehe auch Schrägschnitt).

Falten: eingenähte Stofffalten, mit verschiedenen Breiten. Falten geben dem Stoff Fülle und vermindern Knubbel. Siehe Seite 13.

Füllung: siehe Polsterung.

Futter: eine Extralage Stoff, die auf der Innenseite der Tasche befestigt wird und Schnittkanten verdeckt.

Heften: provisorische Naht mit langen Heftstichen oder einem langen Maschinenstich, die dazu dient, Positionen zu markieren oder zwei bzw. mehr Lagen Stoff zusammenzuhalten, bevor sie endgültig aneinandergenäht werden. Siehe Seite 10.

Klettband: Band mit je einer Haken- und Ösen-Seite aus Nylonmaterial („Velcro").

Nadeln: Handnäh-Nadeln bestehen aus Stahl mit einer Öse an dem einen Ende und einer Spitze an dem anderen. Es gibt sie in verschiedenen Formen und Größen je nach Funktion. Bei Maschinennäh-Nadeln liegt das Nadelöhr näher an der Spitze, sie haben zudem einen Schaft, welcher auf der einen Seite flach ist und in die Nadelhalterung der Nähmaschine passt.

Nähfuß: der abnehmbare Teil der Nähmaschine. Beim Nähen drückt er den Stoff gegen den Transporteur.

Naht (oder Nahtlinie): die Stichlinie (per Hand oder Maschine), die zwei Stoffstücke miteinander verbindet.

Nahtzugabe: der Stoffrand außerhalb der Nahtlinie; in diesem Buch normalerweise 1 cm, sofern nicht anders angegeben.

Overlock: eine spezielle Nähmaschine, die gleichzeitig den Stoffrand heftet, versäubert und beschneidet. Der entsprechende Stich heißt Overlockstich.

Pfeiltrenner: siehe Trennmesser.

Polsterung: eine Schicht isolierendes Material – üblich sind Baumwolle, Wolle, Polyester oder eine Kombination dieser Stoffe – zwischen zwei Stofflagen. Auch Füllung genannt.

Reißverschlussfuß: ein abnehmbarer Nähmaschinenfuß, der die Zähne auf der einen Reißverschluss-Seite aufnimmt, sodass das Einsetzen leichter geht. Spezielle Reißverschlussfüße gibt es auch für das Einsetzen von beidseitig verdeckten Reißverschlüssen.

Rückstich: ein oder zwei feste Stiche am Beginn oder Ende einer Stichlinie zur Verstärkung und Sicherung. Siehe Seite 10.

Rüschung: zusammenziehen von Stoff auf einer oder mehreren Nahtlinien, bis sich Wellen der gewünschten Stärke bilden. Siehe Seite 13.

Saum: versäuberte Kante eines Stoffteils.

Säumen: eine Schnittkante versäubern, indem man sie umschlägt, meistens ein zweites Mal umschlägt und anschließend die gefaltete Kante per Hand oder Maschine festnäht.

Schrägband: dehnbares Band aus Stoffstreifen, die an dem Schrägschnitt ausgeschnitten wurden und bei denen beide Ränder eingefaltet wurden; kann gekauft oder selbst gemacht werden. Eignet sich für das Einfassen oder Verzieren von Nähten, Säumen oder Taschenöffnungen usw. Siehe die Seiten 18–19.

Schrägschnitt: eine imaginäre Linie in einem Winkel von 45° zu dem Fadenlauf des Stoffs; der Schrägschnitt ist dehnbarer als der gerade Fadenverlauf (siehe auch Fadenverlauf).

Schneiderkreide: feste, scharfkantige Kreide für das kurzzeitige Aufzeichnen auf Stoff (siehe auch Schneiderstift).

Schneiderstift: ein dünner Kreidestift für das Aufzeichnen von Linien auf Stoff. Auch Kreidestift genannt; in verschiedenen Farben erhältlich (siehe auch Schneiderkreide).

Schnittkante: der abgeschnittene, nicht versäuberte Stoffrand, der leicht ausfranst.

Selbstlöschender Filzstift: ein luft- oder wasserlöslicher Filzstift zum Aufzeichnen der Nahtlinien oder Stickmuster auf den Stoff (siehe auch Schneiderstift oder Schneiderkreide).

Spule: die runde Spule aus Metall oder Plastik, welche das Garn hält, das die Unterseite eines Maschinenstichs bildet.

Steppstich: eine Stichlinie per Hand oder Maschine (zur Dekoration oder aus praktischen Gründen) auf der rechten Stoffseite des Arbeitsstücks, parallel zu versäuberten Rändern oder Nähten. Siehe Seite 10.

Stütznaht: eine Stepplinie entlang der Naht bei einer Rundung, zur Stabilisierung und um das Verziehen der Rundung zu vermeiden.

Trenner: ein schmales, spitzes Werkzeug mit einer scharfen Klinge zum Auftrennen von Nähten oder Stichen. Auch als Pfeiltrenner oder Trennmesser bekannt.

Tunnel: ein flacher Stoffschlauch (entweder per doppeltem Saum oder durch ein zusätzliches Stück Stoff hergestellt), durch den eine Schnur, ein Band oder ein Gummiband gefädelt werden kann, z. B., um die Öffnung einer Tasche enger zu machen.

Tunnelzug: eine Schnur oder ein Band, das durch einen Saum oder einen Tunnel gefädelt wird, um den Stoff zu bauschen oder um eine Taschenöffnung zu verschließen.

Versäubern: das Versäubern einer Schnittkante, verhindert das Ausfransen des Genähten. Dies geschieht, indem der Stoff umgeschlagen und festgenäht wird, bzw. durch Zickzackstich, Overlockstich oder Einfassen.

Verschluss: jede Art von Verschluss wie Reißverschluss, Haken oder Ähnliches.

Webkante: äußere Begrenzung eines Stoffs in der Breite. Webkanten fransen nicht aus. Allerdings laufen sie schneller als der Rest des Stoffs ein, weswegen sie vor der Verarbeitung des Stoffs abgeschnitten werden sollten.

Zickzackstich: ein Maschinenstich, der vor- und zurückläuft, sodass ein Zickzackmuster entsteht; gut geeignet für das Versäubern von Schnittkanten. Siehe Seite 10.

Zurückschneiden: das Entfernen von überschüssigen Nahtzugaben oder Stoff mit der Schere.

NOCH MEHR TOLLE BÜCHER

CARRY ME

20 Design-Taschen selber nähen

112 Seiten

16,90 €

ISBN 978-3-86355-160-5

TASCHEN – Moderne Klassiker nähen

Clutches, Hobos, Büchertaschen & mehr: 19 Projekte für 75+ Taschen

144 Seiten

14,90 €

ISBN 978-3-86355-110-0

AMY BUTLERS TASCHEN-TICK

12 Wege zu 26 wundervollen Taschen

184 Seiten

26,99 €

ISBN 978-3-86355-245-9

DANKSAGUNG

Ein herzliches Dankeschön geht an dieses Dream-Team: Paul McNally; Heather Menzies, die wunderbarste Design-Managerin und Freundin; Helen Withycombe, eine außergewöhnliche Chefredakteurin; Jessica Redman und Michelle Mackintosh, die etwas andere Designerin.

Besonderen Dank an Anton (meinen inoffiziellen Editor-at-large) sowie an meine Freunde und meine Familie für ihre Liebe und Unterstützung.

Last, but certainly not least: Danke an Sie, die Leser. Mögen all Ihre Taschenkreationen Sie und Ihre Mitmenschen verzaubern.

WENDETASCHE

GARTENTASCHE MIT SECHS FÄCHERN

WEINFLASCHEN-TASCHE

Bibliografische Information der Deutschen Bibliothek.

Die Deutsche Bibliothek verzeichnet diese Publikation in der deutschen Nationalbibliografie.

Detaillierte bibliografische Daten sind im Internet über http://www.d-nb.de/ abrufbar.

Ein Buch der Edition Michael Fischer

1. Auflage 2014

Erstveröffentlicht bei Hardie Grant Books

Titel der Originalausgabe: Totes Amaze!

Aus dem Englischen übertragen von Annika Loose
Lektorat: Lektorat Unker, Osnabrück

ISBN 978-3-86355-238-1

Printed in Slovakia

www.emf-verlag.de